神速のサムライ

黒田鉄山

最後の極意

誰もが欲しかった、達人になるために
あるはずのない〝コツ〟

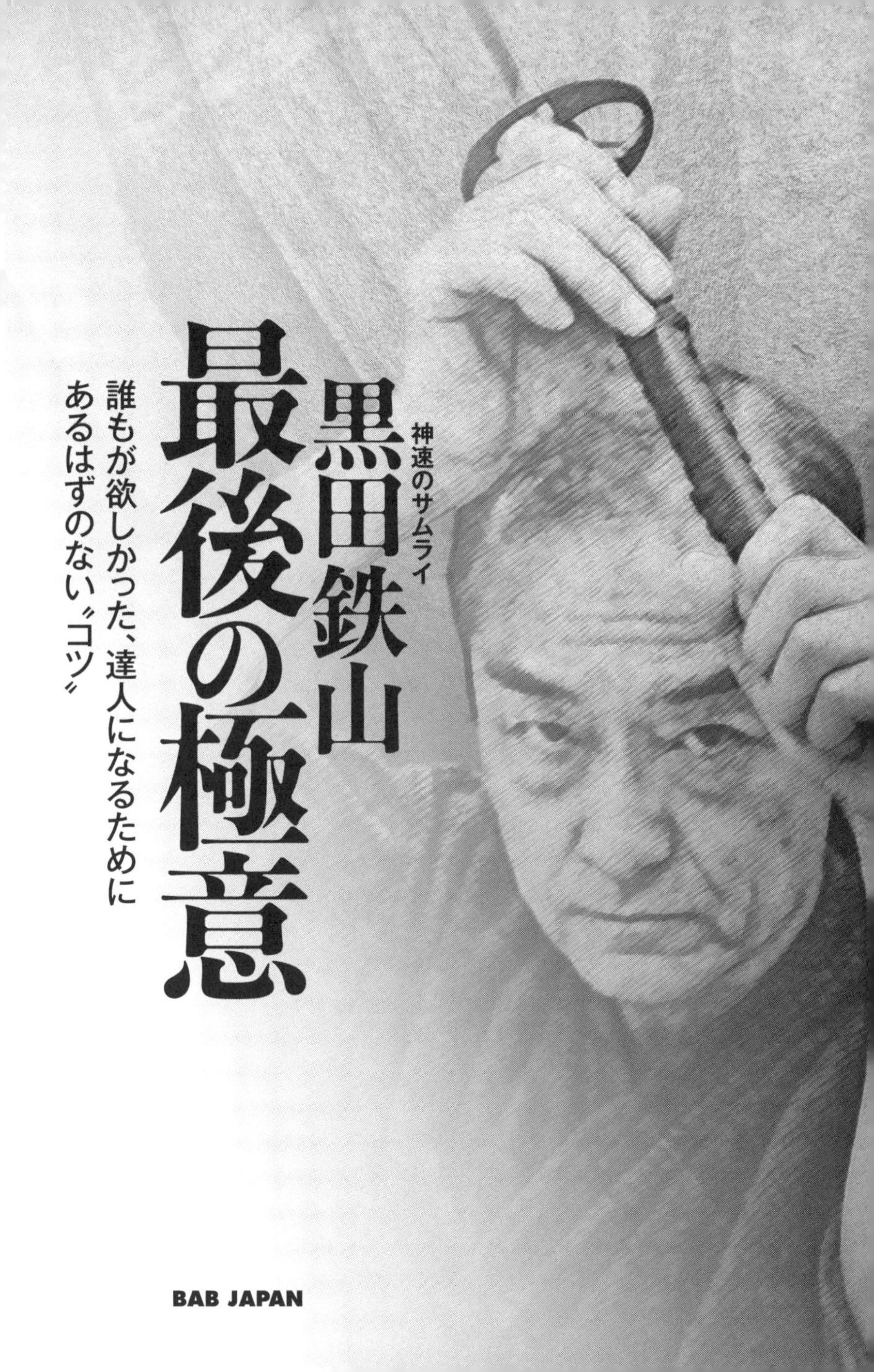

BAB JAPAN

はじめに

父の日記には、稽古会、合宿の出来事、発見や気づいたこと、そして型の手順などが記してありました。日記を見れば見るほど、父の振武舘への想いや心の機微に触れ、改めて父の偉大さを痛感する次第です。

生前、父から「稽古以外のことでも何でもいいから日記をつけるといいぞ！」とよく言われたものです。それ以来、私もその日の出来事などを書き留めるようになりました。

しかし今回、ＢＡＢジャパン原田氏よりの依頼を受け、私が初めて前書きを執筆することとなりましたが、一体何を書いたら良いのか全く筆が進まず…。

武術の才のみならず、文の才もあった父には尊敬の念に堪えません。

本書は父が永きに渡り連載していた「鉄山に訊け」で未寄稿のものも含め編集したものであります。

私事ではありますが、一昨年より子どもの部を開設いたしました。我が子と同年代の稽古相手がいたらという想いから始めたことでしたが、現代の子ども達が古流の武術に触れる機会が乏しいことにも改めて気付かされました。

型を正しく理解していなくとも難しい表情を浮かべ、懸命に稽古をしている子ども達の姿は微笑ましく頼もしい限りです。

微力ながら振武舘を通して一人でも多くの子ども達に古流の武術を知ってもらう一助になればという思いであります。

父がかつて古い道場で稽古をしていた頃、私達兄弟を含め地域の子供達も数名おりました。

父はとても怖く厳しい稽古でしたが、子ども達と稽古をしながら今の私の様に次代の日本の子らを微笑ましく思っていたのでしょう。

父の言葉が理解できず、反発しながらなんとなく稽古をしていた子どもだった私も、本文を書きながら今では父と同じ志を持ち稽古をしている部分があったのだと気付かされた次第です。

父の遺したものが読者の方々の何かの手がかりになりますと幸いです。

2024年8月

振武舘黒田道場　黒田泰正

目次

第3章　〝進化〟の過程と〝進化〟の果て……67

第7章　極意の在処

※本書は、『月刊秘伝』において2006年〜2022年に掲載された連載『鉄山に訊け』より、再編、再構成したものです。

同連載は読者からの質問に回答する形で構成されており、本書においてもその形式を踏襲しています。

第1章

〝柔らかさ〟とは？

1

問■

動画で見る先生の柔らかい動きに憧れています。私は昔から身体が固く、悩みの種です。やはり身体が柔軟でなければ先生のような柔らかい動きは不可能でしょうか？

答■

動きの柔らかさは質的なもの、身体の柔軟性ではありません。

ご同様のひがみをわたくしも小さいころから持っておりました。体がかたく、おまけにビリとは言わないまでも足も遅いものですから、運動会など嫌いなほうでした。走れば負けるとわかっているのですから、そんなことはあまりやりたくありません。

それが現在は、速いとか柔らかいとか言っていただけるのですから、小さいころからのひがみからすれば、まるで天国にいるようなものです。それだけにこの先祖の遺してくれた型という遺産を心からありがたいという思いでいっぱいです。

それは、型が形骸化していなかったからともいえますが、よく考えてみれば、型をいかに形骸化させずに運用するかなど無理なことです。型を形骸化せずに演武し、伝授することができるのは、その型の理論を身につけた人にして初めて可能なことなのです。もし、わたくしが型のひとつを手渡したとしますと、その型を見て学んだ人が日々おこなう稽古の型は、形骸そのものなのです。しかし、その型を理論として追究する姿勢が「下手な」稽古として積み重なり、将来は「上手な」型、すなわち形骸から抜け出すことができるのです。型をたんなる攻防に関する定型として、漫然とおこなっていれば、それはその型を遺した先師から見れば、真の技の生まれることのけっしてない「駄目な」稽古でしかありえません。

動きの柔らかさという言葉は、動き方そのもの、つまり質的な意味で柔らかいと評されるもので、身体の柔軟性を基盤としたものではありません。

2

問■黒田先生のご門下には女性の方もいらっしゃると思いますが、女性特有の柔らかさは武術にどのような影響があるのでしょうか。

答■一般的な稽古において、男女の差はありません。

女性らしい柔らかさというと、わたくしは小さい頃、町内会の盆踊りでみた女性たちのいかにもたおやかな手振り身振りの柔らかさを「女性らしい」と思い込んでおりました。しかし、現在の目をもってみると、別に柔らかくもなんともみえません。柔らかい形には動かしておりますが、その本質は硬いままです。

「日本の舞踊」の中で渡辺保先生は、身体の声と定義される心身の働きがなければ、どれほど身体が柔らかくてもまるで木石のようにしか見えず、どれほど大きな声で歌っていてもまったく耳にははいってこないと、おっしゃっております。たしかに、そんなことを実感したのは、『パリ合宿記』（合気ニュース刊）のなかでも書いたとおり、ムーラン・ルージュを見学させてもらったときのことでした。身体そのものの訓練された柔軟性や声量の大きさなどだけでは、柔らかくも見えませんし、声もはじめは耳に痛いくらい大きな音量だったにもかかわらず、次第に耳から遠のき、心にはまったく響いてこなくなりました。まるで歌っていないとすら感じるほどです。

このような人の心身の働き如何に着目をすれば、稽古において、一般的な意味での男性、女性の差はまったくないと思います。いっけんやわらかそうに動いている女性でも、その動きは硬く見えますし、じっさいその動きは各所にぶつかり、とどこおります。それらが男性でもじきに柔らかくなり、あたりの消える方もおりますし、女性でもなかなかごつごつ感が消えにくい方もおります。しいて言えば、稽古にさきだち、解剖学的な意味で、筋力の少なさが「力の絶対的否定」という観点からは有利な立場を占めるといえます。

もし体格雄偉な男性が本質的な柔らかさを獲得すること、発揮することができれば、それは現実的な観点からは大きな利点にもなります。が、それはあくまで他覚的な観点からの評価であって、それは加齢と共に「衰えた」と評価される即物的なものでもあります。しかし自覚的には加齢とともにおこる生理的な身体の「衰え」は無視できます。大木が斬れたものが小枝も斬れなく男性、女性、外国人等には関係なく「術」は存在しております。どのような方が学んでも「素振り」は「素振り」としてそこに在るだけです。誤解、曲解、改変改悪は、その方の落ち度です。それはその型とその人との運命といってもいいかもしれません。道をはずれぬようにと願う気持ちのない方は、いくら稽古をしても無駄でしょう。

なります。しかし、その動きの質は「免許」のものに違いはありません。したがいまして、年齢体力性差障害に関係のない術技という観点からすれば、術というものはどのような人間が学んでもその人間の個別的特性には関係ないと思います。

3

問■

黒田先生の、触れるか触れないかというほどの柔らかく速い柔術を見て思ったのですが、突きや蹴りとの関連性はないのでしょうか。先生の柔術は柔らかいと言っても見た目の体の柔らかさとは違うと思うのですが。

答■

どれも「学び方次第」では同じことと捉えてもよいような気がいたします。

柔術といえども剣の世界の武術として、わたくしどもは認識しておりますので、単純に突き蹴りの必要性のあるなしを論じることはできませんが、一般的な観点からは、とうぜん剣を持つ相手にそのようなものは通用しない、というのが常識でしょう。が、実際には、おっしゃるとおり、戦場往来での鎧、甲冑の上からの当て、蹴りも伝えられているとおり、現代人の観点から、剣の世界だからと言って、単純にその必要性を否定することはできません。というよりも、その突き蹴りそのものが柔では「当て」とか「当て身」と称して重要視されております。実戦の雛形としてではなく、型で身体の理論化を目指すわけですから、その重要なことは論を俟ちません。ご承知かとぞんじますが、真剣白刃取りは剣術、柔術を問わず、極意的段階における身体技法として多くの流派の奥伝となっております。そこでは斬られぬために入身肝要のことと教えております。しかしながら、型の世界では剣を持つ相手に素手で近づいたからといって、そこで殴って蹴っておしまいとはなりません。殴ったり、蹴ったりするための拳足を鍛える方便は残念ながら当流には伝えられておりません。相手は石や鉄ではなく肉体であるということを古人はわきまえていたからでしょう。

柔術においては種々の当ての型がございますが、ひとつには手に短刀を持っていることを想定しております。拳での突きではございませんから、直接あいての身体に当てようとするものではありません。しかし、頭、肩、肘、膝、踵など、拳ばかりでなくすべての身体各部を利用しての当てが型に組み込まれております。真の当てと称するものは、当振武舘では、柔術が剣術を引き上げると謂われるその柔術を学んだ高次元の業をもつ者がようやくなしえるか否かという術技ですが、剣の武蔵などは体当たり（肩の当て）で相手は三間も吹っ飛び、死にそうになるほど当たるものだと申しております。一般的な当ては型の中で形をつくることで修練できます。その伎倆の程度は体捌きを見れば判断はつきます。身体の動きの理論化がどれくらい進んでいるかによって業の上下は見て取れます。斬りの体捌きと称しておりますが、太刀を振るとき、とくに袈裟斬りなどのように斜めに太刀を振り下ろそうとするときなど体構えをねじりません。腰に回りが少しでも出れば、その時点で不可であります。いや、いま論題にしている突き、拳当てを出そうとするとき、体や腰に捻りが少しでも出てしまえば、それは消える動き、徹る動きとはなりませんから、その突き、その動きは不可であります。太刀や短刀の突きと同様に、絶対に腰からの捻りがあってはならないのです。かように、目録、免許と腕前に差のあるごとく、この当て身も各人によってその効果に差異がでるものです。柔術、剣術の伎倆が低いうちに、そのような高度なものを求めてむやみに突き蹴りをおこなってみても、ただの暴力でしかありません。それでも稽古によって培った身体の能力によって、それを突きであり蹴りである、あるいは当て身であると称してもいっこうに差し支えありません。パンチ、キックなどという横文字は我々の学んでいる世界には存在しない術語ですし、体捌きそのものが異なっておりますから。

補足ながら、すでに何度かお話している消える空手のように、拳、足、脚など身体そのものを鍛えるということをせずに、相手の虚に拳を相手の身体奥深く目指して打ち込むという業の存在を知ると、これもすでに高度な当て身と言ってもいいような感じを受けます。そういたしますと、これはたいへんおおざっぱな物言いになるかと存じますが、空手道や少林寺拳法、ボクシング、合気道などといったものも含め、上手下手があるだけで、わたくし個人としてはどれも「学び方次第」では同じことと捉えてもよいような気がいたします。

柔らかく速くお見えになったのは、剣の体捌きを柔術においてもそのまま生かしていることにあると思います。なんども申し上げているとおり、順体法、等速度、無足の法などによって理論化された動きには、身体そのものを捻じったり、うねらせたり、あるいは波打たせたりするような柔軟性はありません。

ただ遊び稽古などで、身体各部の動きの連続性やひと調子の動きを勉強するために、いわゆる中国拳法で発勁とか発力などといわれるような形を借りて、似たような練習をすることもありません。とはいえ、やはりわたくしが行えばそれは剣の動きそのものの、真似事でしかありません。

剣の振り下ろしを素早く行ったときに、広背筋が正しく瞬時に働くのと同様に、剣を扱う身体各部の筋肉の、相手にぶつからぬ働きによって、動きの方向が縦から横や斜め、上下に変っただけで、身体の働き方は剣を扱うときとまったく同じだと思っております。

「真似事発勁」

第一図から第八図までは手掌面と拳による当てですが、一番後ろの弟子に到達するように押し、打ちをだしております。次の図は上体のうねりによりその力をやはり後方の弟子に通しております。

5
6
7
8
9
10
11
12

4

問■黒田先生が「柔らかい稽古」というものを意識されたのは、お若い頃からだったのでしょうか。

答■外に向いていた目が内に向き始めたのは、三十代半ばからです。

祖父の前腕の筋肉群が、ちょっとした手作業のときに見せた、見たことのないような蠢き方を目にしたときの印象がいまだに脳裏から離れません。手首から肘までのあいだの筋肉それぞれが、上部下部個別に細やかにぴくぴくと動くさまは異様でもあり、心ときめくものでもありました。子供心に、ただただ凄い腕だなあと畏怖し、あこがれておりました。

大人になって、祖母に若い頃の祖父の身体はどのようだったかを聞いたことがあります。まるで武者のようだった、と胸部の筋肉の発達などを話してくれました。まあ、首や腕があれだけ太ければ、当然のことだとは思いますが、そんな話を聞くにつけなおさら、凄いものだ、昔の稽古はどのようだったのだろう、どれほど稽古をすればあのような身体になれるのだろうか、と嘆息するばかりでした。

そんな腕、身体を持つ人が、絶対に力を使ってはならない、という言葉を使うのです。力を容れたらひどい目にあうと、若かりし頃の修業時代の話をしてくれました。力を容れずに稽古をしていてさえ、目録、免許たち相手に十人も稽古をすれば、便所に座れば自力では立てず、晩飯の箸が持てずに握り飯にしてもらって、やっと口に運ぶという具合だったそうです。幼少より力の絶対否定の稽古を積み重ねた結果、筋骨たくましい古武士のような身体を獲得したのでした。力を養い、蓄えるような鍛錬をして作り上げた体ではないからこそ、その身体そのものが異次元の術のかたまりを表現するのです。太い指、太い腕が型の所作をするとき、なんと嫋やかで柔らかく美しいのでしょう。無骨な動きは微塵も見いだせません。その動きには無理無駄というものがいっさいございません。それはある面、地味と映るかもしれません。

そんな師でもある祖父の言葉を、それこそ絶対と信じ、力を使ってはならないと頭では理解できても、現実の稽古は、さきの幼児からの太い腕の印象もあって、幼小児たちとの稽古の時は、さかんに腕立て伏せやら腹筋運動をともにやったものです。そんな中、久しぶりに竹刀の高速連打をおこなったとき、打ち始めた途端、腕が硬直し、連打を続けることができませんでした。この時の衝撃により、一般的な筋肉そのものを強化するような練習はやめました。

しかしまだこの頃は、柔らかい稽古を意識しておこなうというよりは、力を容れてはならない、使ってはならないという教えに従うように気をつけていた、というにすぎません。祖父の、あの柔らかさ、というものが絶えず頭にはありながら、稽古の仕方は相変わらずの型稽古で、木刀を振れば自然に力を使ってしまいました。太刀を抜けば、その重量もあって、やはり同様に力を出さざるを得ませんでした。現在と比較すれば、たしかに手足を動かしているだけで、体捌きと言われる身体そのものの術技的な働きは稚拙だったからこそ、その手足を使って太刀や木刀を振り回していたのです。身体が働きを得れば、たしかに武器類の重さはあまり気にならなくなります(が、古来より伝えられておりますように、各人の手にあったものを、それぞれ手にすべきではあります)。

そんな稽古でも古流ということからでしょうか、雑誌等で少しずつ紹介されるようになり、いろいろな方々との交流がはじまり、種々の身体の使い方を具体的に目にし、勉強させていただくことができました。そんなことから逆に、外に向いていた目が内に変わりました。我が流儀そのものを見つめ直す端緒は、ようやく三十代半ばからでしょうか。

雑誌などでは、柔らかく鋭い剣などということで紹介していただけましたが、まだまだ家伝の型の中で、身動きのできない状態でおりました。この頃から次第に柔らかい稽古をさらに追究するようになったと思います。稽古法も型稽古、防具稽古から型稽古中心となり、防具をつけての竹刀稽古は半年に一度となり、四十代となり次第になくなりました。

いま振り返ってみますと、祖父の言葉が体の芯にありながら、実際の稽古ではできない状態が続いておりました。ただ力を抜いてみても、それだけでは稽古が成り立ちませんでした。体育的な身体運動としての型稽古しか持っていなかったのです。と、ともに昔（戦時中）の弟子が力を容れて踏ん張っても女性にころりと手もなく転がされたなどという逸話しかありませんでした。では、どうしたらそんな事ができるようになるのか、目の前の型を正しく稽古すればよいのだ、ということしか頭になかったのです。

それが、力を容れて踏ん張る弟子をこちらは力を容れずにどうやったら崩せるのか、逸話そのものに目が向きはじめました。そんな手がかりから、型自体が何を伝えようとしているのかがはじめて理解できたのです。まさに、型とは力では行くことのできない世界なのでした。

力んで踏ん張る肱之巻

本頁図は受の力みに逆らわず、力を抜いた理論通りの体捌きで、両手に受の力みはまったく感じずに腰から崩しております。次頁図は理論から外れて重心を左足に移してから崩そうとしておりますので、受にぶつかり強力な抵抗が発生してしまい崩すことができません。

1

2

3

5

問■

柔らかい膝、速い膝とはどのようなもの、状態を言うのでしょうか。また、そのような膝に対して、柔らかい肘というものもあるのでしょうか。

答■

武術における表現の仕方であり、一般的次元の膝の運動とは異なるものです。

もともとわたくしも医療従事者として仕事をしておりましたので、膝関節の構造、働きということにつきまして解剖学的な知識は持っておりましたので、自分自身に対して、柔らかい膝、という言葉を聞いたときは衝撃を受けました。まさか膝関節が柔らかい運動をするなどという考えは今までにしたこともございませんでした。まさに武術の世界における表現の仕方であり、一般的な次元における膝の運動とは異なるものを表現していると感じました。たしかに感覚的な表現にしかすぎないかも知れませんが、まさに的を射た言葉だと実感させられました。今までにそんな柔らかい膝を見たことがない、というそのときの言葉が忘れられません。

初めてそんな言葉を耳にしたのは居合の稽古をしていたときのことです。左手の怪我がやっと回復し、久々に刀を手にしたときのことでした。なぜ手を斬ってしまったのか、手元を見ながら抜き付けに入ろうとした瞬間、構えが崩れていることに気がつきました。そして、構えが崩れないように気をつけながら抜いた太刀は今まで求めていた、あの太刀だったのです。いや、まだ見えぬ先の世界はあるにせよ怪我の功名とでも言えるほどの稽古の変わりようでした。それを見た弟子が先の言葉を発したのでした。さらに人の身体が三度変わるのを初めて目にしてうれしいとも。その弟子が入門してからわたくしの稽古が三度大きく変化したというのです。まあ、他の弟子たちは毎回、毎度稽古が変わるのを驚きと共に楽しみにして稽古をしていた時代ですから、何度変わったかは問題ではありません。

それ以来、わたくしも医学的な観点からの膝関節の運動などではなく、柔らかい膝、という次元の身体があるということを知り、その膝のことをだいぶ経ってからのことですが、弟子たちにも説明するようになりました。

膝関節そのものは左右には動きません。前後の屈伸運動のみです。べつにそんな知識がなくとも、稽古で膝を柔らかく使おうなどという気持ちは一度もありませんでした。それが型稽古をしているうちに、そんな評価が生まれたのです。この膝の柔らかさというのは身体の柔軟性のように見た目の運動の柔らかさを言っているのではありませんから、これですよとお見せしても一般的には分かりにくいと思います。たとえば、民弥流の切附をお見せしても消える動きの要素から成り立っているためご無理かと存じます。

もう少し分かりやすい……かと、思うのが、あそび稽古のひとつの肘の使い方です。受は横から取の手首と肩を押さえます。目的とする稽古は、捉えられた腕の肘を上下に半円を描くようにして掻き落とします。この状態で肘を上下に動かすことができるのでしょうか。普通に、肘を上下に動かすことなどできるわけがございません。肘を上げようとしても手首、肩を押さえられているのですから、肘だけ上下には動かせません。しかし、まさに、その「肘だけ」が動いているかのようにその肘を働かせるのです。総合的な腕全体のひと調子の運動です。その結果、手首、肩の抑えにぶつからずに肘で受の胸腹部をえぐり落とすことができるのです。

これは柔術の立合の型の一部分です。受と取のなれ合いの型、形骸化した型のいったんではなく、積極的に受を取らず消極的な抵抗をする相手に対して、ぶつかり、力比べとなることなく、型のかたちに正しく滑らかに動けるかどうかを検証してまいりますと、一般的には動くことのできないような状態、初めから相手にぶつかってしまうような状況でも、柔らかく相手を崩しつつ型どおりに相手を制御することが可能な道筋が開けてまいります。

よくよく型というものを見てみると、どれもこれも一般的概念では人が崩れたり、投げられたりするような形ではありません。ひょいと足をすくうなどと言われても首をかしげられるのがおちです。米国での合宿で、昼休みに腕相撲をしたお話は以前にもいたしましたが、大きな方たちから見れば、小さな体格の人間が腕相撲をやろうと言えば笑いがこぼれて当然です。しかし、そんな方々を相手に物理的には簡単には解明できないようなことが、普段の稽古として出現いたします。同じ体格の人間同士ですら、こちらは指一本での腕相撲でどうやって相手を倒すことができるのでしょうか。そんな状況設定で、相手を腰からひっくり返すことができるのが武術の術たる身体運動なのです。これを共に稽古をしていない人にいくら説明だけをしてみても理解などしていただけるわけがありません。

高校の物理教師の弟子は、ある面、人対人の動きとして捉えることはできても、その多くはまさに人対人ゆえの対敵現象ゆえに、物理学的に振武舘の稽古を理解することを、とうにやめました。

体捌きによる肘落とし

手首、肩を厳密に制御された状態で肘を上下に半円を描いて落とします。図では肘の上がりが消えておりますが、腕そのものの運動ではなく体捌きにより肘は丸く上がり、そして胸の直線の落としで縦落としのベクトルを生み直接受の腰を崩しております。力は絶対否定のもとに。そのため受は把持している両手に一般的な力を感じておりません。

第2章

〝意識〟の妙

1

問■ 先生は左の意識や左右の違いなどを普段の稽古でお感じになりますか？　また左右を均等に使うような稽古、技術などは行っているのでしょうか？

答■ まるで感じません。

まるで感じません。と言っても、左右を同じように遣えるなどと誤解されませんように。左右対称なことをしようとすれば、わたくしのような不器用な者には当然たいへんなもどかしさを感じます。

われわれは型で要求されているような左右個別の働きの同時性、同調性ということをたいへん不可能なほど難しいものとして認識しております。左右がそれぞれにきちんと働いてはじめてひとつの型が要求する、見えざる術が生まれます。それぞれ個別のふたつの動きを同時におこなうということは、大脳生理学的にはまことに不得手なことなのです。そこにさらに両足の動きが加わります。そして、それは腕ひとつを見ても、そこに付着する筋肉群ということを考えるとふたつどころではなく無数の働きを同時におこなわなければならないという、絶望的な難しさになるわけです。

足に関しては、無足の法という極意が要求されております。下腿脚部に手を触れられていても、その手に脚の筋肉の動きを知らせることなく両足を、型どおりに入れ替えることがそこでは要求されております。強い脚力、立派な筋肉が充分に隆起凹凸を繰り返しながらの運動ならば人それぞれに行うことができますが、人形の足のように、動くときにまるで動かない足を要求されては、はなから動くことが不可能なことを要求されているかのようです。だれかれの区別なくどなたでもその一般的な動きを、武術的な観点からはすべて悪しき動き方、つまり命のやり取りには不向きなものと否定されて、はじめて「正しく動く」とはどういうことなのかということが見えてくるわけです。

わたくしにとっては型が唯一の修行の対象です。ほかに何もありませんし、する余裕もございません。

二刀遣い「両刀居合詰」

たったひと動作を動くということが術技的には、まったく困難なものです。たったひと足を出すことが術となりません。腕を上るひと動作が、絶望的なほど難しいものだと知ることができるのが、型のありがたさです。

3

4

2

問■

例えば「まったく力を使わない」といった注意を実行しようとすれば、まったく動けなくなってしまうように思えます。意識を変えていく、という形で、稽古は進むものなのでしょうか。

答■

日本人として誇りを持てる研鑽を積むべきです。

だからこそ、理論にのみしたがって動く訓練をしてくださいとお願いしております。絶対的に力を抜くことなど人間には不可能です。以前にもお話いたしましたが、そんな純学問的なことをあげつらっていたのでは、たしかにまったく何もできません。そのとおりにやれというほうがどうかしております。おっしゃるとおり、稽古の場では、繰り返しくりかえし注意をしながら、意識して動けるようになることをめざして稽古をしております。

現在は、海外の合宿でもようやく理論だ、説明だという雰囲気が薄れてまいりました。言葉を尽くせば、そこに言葉では説明しきれないものがたしかにそこに存在しているということが明確になるだけだからです。それを納得してもらえてはじめて言葉が必要なくなるのです。けっきょく、言葉に頼らぬ稽古が至高のものとなります。日本欧米を問わず、現代の教育を受けた方々は、見えるもの、言葉や理論などというもの、証明できるものしか信用しないようになっております。何をどれだけやったら、どれほどの効果が期待できるという確証がほしいのです。

当振武舘では、何をどれだけやったからといって、どれほどのことがどれだけ起こるか、変化するのかなどだれにもわかりません。目先の変化を期待することなど無意味だということがわかった方だけが集まってきているのです。稽古の楽しさ、難しいから楽しいというだけのことに生きがいとしての稽古を見出しているのではないでしょうか。とくに誰がどれだけ上達したのか自分がどれほど強くなったのかなど、かいもく見えてまいりません。そんな目先のことより、志を高く保ち、日本人としての誇りを持てるような研鑽を積むべきです。

引き下がりの無足の法

前へ出ることも、後ろへ引き下がることもできないということをしっかりと知るべきです。知ることができなければ、無足の法などその方にとって絵空事の世迷言でしかありません。

4

5

3

問■一人稽古における目付け、及び心の焦点はどのように意識されているのでしょうか？　また、対人稽古においては、相手のどこに意識の焦点を合わせているのでしょうか。

答■あまり観念的に考えたことはありませんが……

あまり意識した事もないように思います……。何か意識したほうがよいのでしょうか……と、ぎゃくに質問をしてはいけませんね。まあ、お暇なときに沢庵の「不動智神妙録」など読まれるとよいかも……もう、そういう手のものは読まれているかも知れませんね。目をつぶって居合を抜いたことは、少し、気まぐれにやったような覚えはあります。そのときは自分の体（主に手）を意識したように思います。たいしたことはありません。鏡は、常時見ながら稽古をしておりました。だめなところだけが、目に付きますので、ほとほといやになります。何かを意識するというより、稽古の形を見て、そのだめなところが消えるように、上手に抜けるようにと念じて繰り返しておりました。あまり観念的なことは考えたこともありません。

相手との稽古のときは、彼我の伎倆の問題もありますので、何ともいえませんが、あまり、目付けなどということにはこだわらないほうがよいようです。これは、初心の方には誤解を招きますので、きちんと教則本等にうたわれておりますような種々の目付けをきちんと学ばれたほうがよいと思います。つまり、弟子とわたくしとの関係ということに限定してみると、わたくしのほうは、あまり目付けなど重要ではなく、彼のほうにすれば、必須項目であるということでしょうか。必須といっても、目で見る事ではなく、気配を読むことに集中しております。目では見えない動きを双方が学んでいるのですから、動体視力など無意味です。

4

問■型稽古に飽きてしまい、集中力が湧きません。稽古への集中力、モチベーションを高めるにはどうしたらいいですか?

答■業は人の意志とは無関係なところに存在しています。

湧かない集中力をおこさせようとするのは、なんだかいやな気もいたします。それをさらに高めるためには、つらい努力、報われない努力といったようなものが必要になってくるのではないでしょうか。集中力がなければ、ないままでおやりになるしかないのではないでしょうか。それにそのほうがずいぶんと楽な稽古ができそうです。何も集中せずふわふわすいすいと動けたらいいですね。空気をすったりはいたりするように。

昔（二十歳代の頃です）、何となくでも道場に座っておりました。だらだらであろうとなんであろうととにかく毎日少しでも刀を抜いていた時期があります。今思えば、やる気とか気迫とか集中力などといったものは微塵もない無気力そのものでした。見えない糸に操られる人形のようであったかもしれません。

業とはそのようなものではないのでしょうか。人の意思とは無関係なところにずっと存在しているような気がいたします。とことんやる気がなくて、道場に立てないのでしたら、しようがありませんが、やる気があるなしにかかわらず、惰性でもなんでも、とにかく、だらだらとでも稽古着に着替え、のろのろと重い体を引きずって道場に立てれば、ひとりで稽古はできます。その繰り返しが「業」というものを、薄紙を積み重ねるように積み上げてくれるのです。ただ、相手のある場合は、自然と相手に気を遣いますから、だらだらのろのろ、という状況は排除できるでしょう。ごく普通の稽古になるのではないでしょうか。集中力がないから怪我をするとか業にきれがないなどというのは、わたくしには理解ができません。本来の業というものはそのようなものではないと思っておりますし、そうだからこそ、人の不安定な心とは、原則的に無関係な形でひとつひとつを学んでいけるものだと思っております。

ご質問により、昔のことを思い浮かべてみましたが、かくのごとく気力とか集中力を高めようなどと考えたこともありませんでした。

どこの流派にもある業です。どのように遣えば消える部分が生まれるかを研鑽しております。消えると察知できなければいっしょに稽古ができません。

3

4

5

問■武術では〝気〟が大切だとよく言われます。先生は〝気〟に対してどんなお考えをお持ちですか？

答■技術論として捉えるのは無理でしょう。

若い頃は、気という言葉ですべてをかたつけてしまうことに反撥を感じておりました。少なくとも自分の流儀の中では技術論として武術の術たるところを捉えようとしておりました。それは現在も変わりません。どのような意味において大切なのかによります。

〝さっきのサッキはおまえの殺気か〟などといいますように、思念の気配をとらえるという見えない力は、やはりその言葉にもありますように、気という概念でとらえるのが適切であるように思います。太刀の振りよう、歩法、手足の動かし方などは純然たる技術論として説明できますが、起こりをとらえるとか、動く以前に脳内で発生する思念の起こりを抑えるなどという能力は、それこそ脳髄、脳神経系の働き以外にないと思います。神秘の世界と言われる人間の脳みその働きを術の世界のものとしてはとらえることができても、それを、手足を動かすのと同様の技術論として捉えるのには無理があると思われます。実際、神経と筋肉という基本的な働きに大きな差異があるのですから。

ある「大事」が極意、秘伝にあります。必死に逃げようと間合いを脱した相手に、太刀は半抜きで気合を当てます。その相手は背中に爪で引っかいたような赤い傷を残して絶命するというのです。傷そのものは致命傷ではありません。心臓麻痺でも起こすのでしょうか。このような業は、だれにでも型を順序だてて修行をしていった果てにできるというものではありませんし、型の延長上に存在するものではありません。口伝、秘授としてできる者からできる者へしか手渡すことのできないものとしてあるものです。そして、このような業がだれにでも通じるのかというと、わたくしが昔祖父に問いただした答えはこうでした。「逃げる相手の肝が太く、なんだこんなやつ逃げてやる、と思っていたら、そういう者にはきかない」というのです。逃げられてしまうと。ぱっと体をかわし逃げられそうになるときにこそ遣いたい業なのに、相手にこれは斬られるという必死の思いがなければ成就しない業だというのです。わたくしはそういうものを嫌ったのです。

以前にも申しましたが、祖父の兄の正義師は、このようないわゆる気合術のようなものはいっさいできなかったそうです。が、腕の勝負になれば祖父泰治とて当たり前の術技の応酬に集中するしかなかったのです。太刀寄せの術など通じません。瞬間催眠のような業とか、瞬時の気当てのようなものには幻想をいだきやすいものです。たしかに、そんなこともできれば楽しいかもしれません。しかし、それらはたとえ極意秘伝といっても武術修行の余技でしかありません。型の延長上に存在する型としての極意、秘伝とは次元が異なります。そのような意味での気などどうでもよいものでしかありません。それよりもまず、きちんと自分の太刀と相対することです。

6

問■先生は前に相手が来る前に気配で解るといわれていましたが、具体的にはどのような感覚なのでしょうか。その感覚をつかむ練習方法があれば教えてください。

答■何となくわかるのです。

わたくしも昔、祖父に質問したことがありました。なんで、そういう気配がわかるのか、と。その返事は、何となくわかるのだ、というものでした。このご質問に関しましては、やはり同じ言葉を使わせていただきたいと思います。たしかに、何となく解るのです。その感覚をつかむ練習法は、型を稽古するだけです。型をそのまま稽古していたら、そのようになったのです。日常のお仕事と同じです。心をつくして全力でお仕事に当たっていれば、人の心や動静が自然に読めるようになるのと同じです。現在の振武舘の門下生の上級、中級組をとわず、初級組ですら、気配や稽古着の中での人の動きを読み取れる方が大勢おります。特別なもの、特殊なものは何もございません。大事なことをまじめに、素直に稽古をするしかありません。

7

問■かつて直心影流の山田次朗吉は、関東大震災を予知したといいますが、武術の修行によって、多かれ少なかれそのような能力を身につけることが可能なのでしょうか。

答■予知などは本来人が持っている能力。武術はその手掛かりにすぎません。

むかし、父の患者さんのひとりに、さんざん極道の果てに改心して仏門に入ったという方がおりました。施療中にこんなことがあったそうです。彼が、「今先生に用事のある人が駅に着きましたよ。いまそこの路地の角をまがりましたよ。今、着きましたよ」と、言い終わるやいなや、玄関が開き、来訪者の声が聞こえたとのことでした。さらに、先生の考えていることを言ってみましょうかというので、父は、「いいよ、私にもあなたの考えていることがわかるから……」と答えたそうです。父のこんな能力は武術で得たものではありません。一生懸命に患者さんに接するという日々の仕事の結果身についた専門的職業人としてのものです。

武術や宗教に限らず、このような察知能力というものは人によっては、現実にいくらでも存在するのではないでしょうか。武術、宗教などというのはその手掛かりにすぎません。わたくしの家のお寺さんの先代のご住職は、終戦後この方一代でお寺を建てた方なので、両腕に蝋燭を何本も立て、それが燃え尽きるまでお経を唱えて修行をしたそうです。正規に寺に入って修行をしたわけではないので、難しい経文などは、持つどころか知るすべもありません。そのお経を是非とも知りたいと念じて読経をしていたとき、奈良に存在するというその経文が脳裏に浮かんできたので、一生懸命必死になって一語一語を写し取ったそうです。後に、その宗派の上層部の方が視察とかに来られたとき、その経文をみて驚き、なぜ彼がその経文を持っているのかを問えば、さきのごとくで、さらに驚いたとのことでした。このお上人様があるときお経をあげていたら、お灯明が一瞬にして透明になったそうです。あの白い蝋燭が透明になったのです。ご子息のお話では、記念に真綿でくるんで日付を入れた桐の箱に大事にとってあるとのことでした。

旅ばかりしている祖父泰治に、少しは落ち着いて仕上げの修行をさせようと念じた曽祖父の正郡は「足留めの法」を施しました。翌朝、旅先の旅館の二階から降りてきた祖父は、階段の途中に上を向いて立っていた釘に気付かず、足で踏み抜いてしまい、松葉杖をたよりに痛む足を引きずりながら帰宅したそうです。祖父の言葉ですと、どういうわけか上を向いた釘が階段に落ちていて、それに気づかず踏み抜いてしまった、と言うのですが、釘が一本上を向いて落ちているとのほうが信じられません。祖父が家に到着すると、正郡が、「おうおう、戻って参ったか……」と言い、にやりとするその顔を見て、瞬時に祖父は合点がいき、「しまった」と歯噛みをしたそうです。術にかかっては、観えるはずの釘も見落とします。これにはおまけがついていて、以後、終戦後になるまでの長い期間、お酒もぴたりと飲めなくなってしまったそうです。

まあ、眼で実際に見えるものから種々の情報を得るしか手段をもたない一般人からすれば、信じろと言うほうが無理かもしれません。わたくしが道場で居合の初心者を指導していたとき、あまりに抜き方がひどいので、祖父の部屋へそのことを報告に行き、「どうだい」と聞くと、「鞘の中で刀が波打っている、ひどいものだ、一体誰が稽古をしているのだ」と、その力んだ稽古振りを現場で見ているわたくしよりも詳しく、それこそ見えない鞘の中のことまで把握しておりました。

予知ばかりではありませんが、わたくしの身近なところでもかくのごとく、信じがたいお話があふれております。大昔から、今日まで、かような逸話は数えきれないほどあるのではないでしょうか。

その祖父の修行時代、猟期の裏山で幾人かの猟師が鉄砲を撃つ音が聞こえます。それを聞いて、曽祖父が泰治に当たりはずれを問います。泰治が「最初のは当たりで、次がはずれ、三番目のは……」と答えると、「馬鹿者め、最初ははずれで、つぎのが当たり……」としかられ、そこで合韻の調子ということを教えられたとのことでした。

太刀を振る時にかける気合もなかなか難しく、斬りの動作と一致しません。その難しさは、遊び稽古でも学べます。いや、そんな稽古だからこそ、その難しさの度合いを、より明確に理解することができるのです。こちらの襟をとる受の腕を抑え沈みながら、腰を崩す遊び稽古がありま す。このとき、腕をポンと軽く叩く、その一点、一調子に合わせて体を沈め受の腰を崩します。この点の間に体の動きを合わせようと、いくら思ってみても動いてくれないのが、生来の我々の身体なのです。多くの方が手の振りおろしにつられて、体も動き始めてしまいます。暴力的な大きな力を発生させて相手を倒そうというものではありませんから、このわずかなずれで受の腰へは何の崩しも働かず、受はへいきで立ち続けることができます。

武術においては、本来の武術の正しい稽古の積み重ねが必要です。その結果、個人差、個体差により、武術的察知能力以外のものが生まれてくる人もあるというにすぎません。予知能力そのものを獲得しようとして稽古をするものではありません。

「合韻《ごいん》の調子《ちょうし》」

一般的には、手の打ちおろしに合わせて体を沈めるという動作を行おうとすると、右列の写真の生徒のように途中から手を体で引き落とす形となり、相手の腰を崩すことは不可能です。このような一般的な一連の動き方は武術的にはひと調子とは決して申しません。強い力を使うわけではないので、術者の体が沈むときは、まさに手が相手の肘に当たり、ぽんと音を発するその瞬間にすべてが凝縮していなければなりません。ごく軽い当たりで受は腰を崩しております。

8

問■御著書で正中線のある、あるが弱い、ないが写真付で解説されていましたが私には見分けがつきません。正中線のあるなしを見分ける基準のようなものがあるのでしょうか？

答■振武館の正中線は、稽古によって培われた観る目があって、見えるものです。

先日、ふとテレビで、ご自分のご趣味の領域において、見えないものを見ることができるとおっしゃっている方を見かけました。小さい頃から、空を見上げては、太陽がつくりだす虹や雲の色合いなど天空の観察をし続けてこられたそうです。空の観察という点においては完全なプロであります。ふだん、たまにしか空を見上げることのない我々が、いきなりなにごとか微細な変化をその空から読み取ろうとしても無理なことです。大きな虹などならば、どなたがご覧になっても、

「あら、きれい」で済みますが、微妙な色合いが雲についていていたり、光の変化が現れていたりなど、明るい天空を指さされても判然としないものです。と同様に、振武舘の正中線は、稽古によって培われた、ものを観る目が養われて初めてその存在を知ることができるものです。あらゆる分野において、職業人としての厳しい目がそれぞれの仕事や職人、作者の伎倆や作品の価値を奥深く、こまやかに判断、判別するように、稽古人としての目が相手の伎倆や気配を察知、感得できるもので、何かの基準があって、それに基づいているものではありません。絵画や書、彫刻などなどあらゆる芸術諸分野における黄金比などをひとつの基準にするのも良いかもしれませんが、それだけに頼るわけにはまいりません。ご質問の例では、たとえ縦横に黄金比を見出したとしても、それが正中線の有無にはつながりません。

解剖学的な意味における「正中線」は、ありとあらゆる方どなたにも生来存在しております。それゆえ、それとは別の次元の武術の領域における伎倆を測る、ひとつの振武舘基準としての正中線を稽古の目標にしております。複雑な軸線と誤解されても困ります。それだけに稽古をされていない方が我々の正中線を読み取ることはなかなかに難しい問題であると存じます。他の分野の方でも観える（読み取れる）方もおられますので、そういう方々には本文と照らし合わせてお読みいただけばご理解しやすいと思いますが、ごく一般の方にはまったく理解していただけないことと自覚しております。ただ、そのような見えないものを観る世界というものが、先ほどの例や正中線ばかりでなく、あらゆる分野に存在しているということだけは確かです。

さらに、武術的身体に確立されたこの正中線は、意思により、一点に収斂、凝縮させることができます。すなわち、屹立した緊張状態から弛緩状態へと瞬時に移行したとき、そこにいていない身体が発現されます。それは一見、まるで無防備な隙だらけのように見えるかもしれませんが、玄人の目には現に目の前にいるにもかかわらず、打ち込むべき部位がまったく見当たらない茫漠とした存在感と同時の虚無感とでも言ったらいいのでしょうか、とにかくその観点からはぎゃくにまったく隙がないといえましょう。いや、隙のない身体がそこにない、とでもいえばいいのでしょうか。敵のいない身体とも言えるかもしれません。すなわち、それらを称して古人は、「人に斬られず、人斬らず、為す事なきを勝ちと知るべし」「斬らずに勝ちのあるものを、斬りて勝つとはひがごとなり」等々、武術的身体の意味を術歌に遺しております。それらは、武術自体は争闘の手段であることを認めた上で、しかしながらその武威によって相手を戦わずして屈服、あるいは戦闘意欲をそいでしまい、相手を傷つけることなく平和裡に解決する手段に転換させようとしております。だからこそ、日常の稽古において、相手を倒すことに集中するのではなく、自分自身の身体にいかに高度な術技を培うかということに全力を尽くさなければならないということにもなります。自己の伎倆が高まれば、それにともない相手の伎倆も観えるようになってまいります。

それとはぎゃくの話を、昔祖父から聞いたことがあります。剣道でのお話です。ある方が、元立ちに並ぶ師範の先生方を見回すとご自分の前には大柄で偉丈夫な先生が立たれておりました。見るからに強くて怖そうな雰囲気です。往時のことですから、剣道そのものも今とは異なりまさに激剣ですから、毎回の稽古にも覚悟の程がいります。その少し隣りに小柄で柔和そうな老剣士が立っておりました。こちらのほうが稽古しやすそうだと見た彼は、そそくさとそちらの老剣士のほうへ移りました。ところが、稽古がはじまるとまったく手も足も出させてもらえないほど手ひどい目に合いました。ひと稽古を終えて困憊しているところへ、さきほどの偉丈夫先生が寄ってきて、「あなたはなぜわたしのところへ来ないであの先生のところへいきなりかかったの、あの方はわたしでもまったく歯が立たない方なのに……」というやさしいお言葉でした。

大事なものを観ることのできる正しい稽古を積み重ねたいものです。

振武舘の正中線の有無

動きや形態に無関係に存在しつづけるものが、斬りの世界における正中線です。正中線が育ちつつある状態では構えが助けてくれますが、動けば消失してしまいます。初めはどなたにも存在しないものです。

3

4

第3章

〝進化〟の過程と〝進化〟の果て

1

問■ 先生がお弟子さんの上達を量るときに、まず何を気にするのでしょうか？　姿勢でしょうか、型の正確さでしょうか？

答■ 稽古は個人の問題です。特に気にしません。

稽古というのは、一人ひとりの個人の問題ですし、一定期間で上達してもらわなければ困るということもないので、べつに何も気にはいたしません。

ただ、絶えず注意をうながすのは型の正確性です。型を正しく遣うためには、型を正しく知るということが重要です。この「型を正しく知るということに全力を尽くすことが、武術修行の大半である」というのが祖父の教えです。型は理論であり、ほんとうの業は見えないものです。見えないからこそ正しい動き、すなわち業そのものを見つめる努力をしなければならないのです。

正しい型を知るということは、大変なことなのです。

引き下がりの無足の法

打ち込んだ体勢から、引き下がるところですが、これが一般の綱引き状態になると受の足にその力が伝わってぶつかり、引き下がることができません。これは無足の法、順体、等速度などが一致してできなければなりません。

3

4

2

問■泰治鉄、心斎先生のお言葉に「十年二十年稽古をしなくとも腕は落ちない」というのがございました。現在の黒田先生はいかがお考えでしょうか。

答■動きの質としての腕は落ちません。

言葉で真意を伝えることの難しさを痛感いたしております。

稽古をしていなくとも腕が落ちない、ということは歳をとっても若いときと同じことをできるということを意味しませんし、羽織の軽さで万人を投げることのできる「技」があると言っているのでもありません。ひとそれぞれですから、どのように理解してもけっこうですが、わたくしは、祖父の言ったことは、その通りだと思っております。体育的、生理学的な観点からすれば、死ぬ直前はほとんど肉体としての機能が働きませんから、対敵行為、運動行為として武術、武道をとらえれば、老いては麒麟も駄馬に等しいどころか、それこそ無です。何もできない身体がそこに横たわっているだけですから、子供より劣っていると看做されるのでしょう。そこでは、どんなに素晴らしい成績、強さを誇った人間も死ぬ間際には無になってしまうという、上昇期、絶頂期、下降期をもつという形におさまらざるを得ないということになります。ただ、その曲線をいかに緩やかに最後まで保つかということがそのような考え方の武術、武道人生においては重要なことになるのでしょう。そうなると長寿も重要な要素となります。

自転車や自動車の運転ができるということはその人の人生が終わっても、その事実に変わりはありません。油絵が描けたなどということも同じでしょう。その基本的身体技能は「落ちる」ことがありません。べつに死の床についている人間が自転車をこぐことができなくとも、自転車に乗れること、乗れたことには変わりはありません。では、乗ってみろ、できなければ乗れたとは言えないというほうがおかしいと思います。乗れるという身体、神経、筋肉の協調した働き方はそれができる人のみに備わった獲得技能です。武術においては、腕の上げ下げ、歩行ひとつにしても一般人の動き方とはことなる筋肉の働きが存在しております。その一般から見れば非日常的な動き方を、日常的な動きに変えることのできた人の動き方は、死ぬまで変わりません。その意味で、腕は落ちないと称します。

十年二十年稽古はしなくとも腕は落ちないと言った祖父は、四十代くらいの頃は、節を抜いた太い孟宗竹三本に砂を詰めたものを巻きわらにした人間の胴体ほどのもの二本を左右に並べ、稽古用の刃引きの日本刀で、いっきに左右に払い落としておりますが、晩年には古竹刀の一片すら斬りがたくなっておりました。まさに、さきほどの老いては麒麟もうんぬんの状況とも言えます。しかし、その手の内、動きはまさに免許の腕前そのもの。太刀を振るとはこういうことをいうのかと思わされます。軽やかな手の内、美しさは目に焼きつきました。本人は本人で小首をかしげいかにもこれで斬れるはずだが といった風情でした。この動き方でしか斬れないのです。祖父は「歳をとったら歳を取ったように使えばいいじゃないか」とも申しておりました。年齢に制限を受けずに自由に使うその身体はまぎれもなく免許皆伝の非日常的身体です。劣った肉体を無理につかう見苦しさは微塵も見られません。

しかし、先ほどの観点から見ると、それはもうすでに免許皆伝以下の腕になってしまっていると主張するのでしょう。ここがお互いに理解しあえないところなのです。歳を取れば体も固く、動かなくなり、腕力、体力などなくなるのは当然のことと認識した上で、術技としての、つまり動きの質としての腕は落ちないという考えかたなのです。若いときに斬れたものが老齢になれば斬れなくなるのは当然のことと認めた上で、歳を取っても変わることのない術技というものを、祖父ばかりではなく古人たち、侍たちは追い求めたのです。老いて真剣を持つのも難しいほど体力が衰えても、その身体そのものは、免許皆伝のありようをしめすことのできる武術的身体を求めたのです。それは、まさに型の世界にしか存在しないものなのです。型というのは実戦の雛型ではない、虚構の世界なのです。虚構という言葉に語弊があるようでしたら、理論といえば耳触りがいいでしょうか。理論だからこそ、人を、あたかも羽織をほうるように軽くなげることが再現できるのです。初めて祖父からこの言葉を聞いたときのわたくしは、未熟稚拙の上、体育的な身体、それも運動能力の低い人間でしたから、まったく理解不能でした。「ひとをそんなに軽く投げられたら柔道で苦労はない」と思っておりましたし、「歳を取れば、力だって衰えるではないか」とさきほどの論そのものでした。その反面そんなことができたら、楽しいだろうなと憧れてもおりました。その時点では、ただの夢想でしかありませんでした。

しかし、現在のように、術技の世界というものを知り、それを理論として追究することの楽しさ素晴らしさを知るようになってからは、まさにその言葉どおり、腕は落ちない、人は羽織のごとく軽いものだということを実感しております。もし、そうでなければ力の絶対否定という世界が成り立ちません。老若男女の差がなく稽古ができるという世界がうそになります。自己矛盾になります。

型：七里引

人をこのように制御し続けることがどれほど難しいかは稽古をする人のみが知ることのできる特権とも言えます。またそれこそが稽古の楽しみでもあります。人の肘を曲げるということひとつをとっても、それがいかに至難なことかは、やらなくとも想像はできるでしょう。

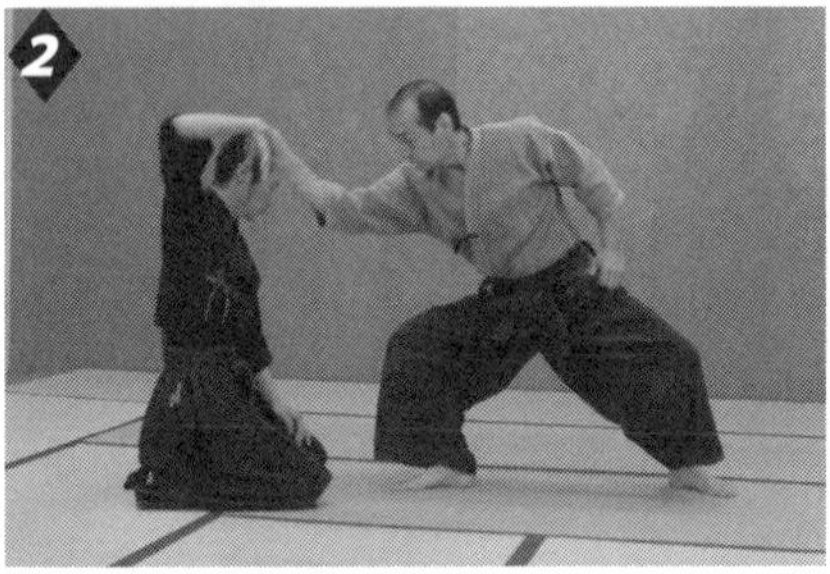

5

6

7

8

9

10

11

12

3

問■黒田先生は、過去のご自分の稽古やご自身の身体については見るのもいやだとおっしゃっていますが、具体的にどのような点においておいやなのでしょうか。

答■記録としてはありがたいものですが、先の変化にこそ興味があります。

芸術でも何でも同じでしょうが、とにかく修行中の身にとっては、一日一日が変化の連続で完成するということがありません。まして、武術ですから一生の修行が欠かせません。確かに、その時点では、そのつどそのつどが自分の最高の到達地点です。それはわたくしの限界でもありますが、それをビデオや写真などに遺すことに悔いはありませんでした。稽古風景などはなつかしいものです。古流の形態を墨守しているため入身、前傾姿勢、低い腰構えは絶対に崩してはならない、そのため一般の「良い姿勢」とはあきらかな差異があるが、それが自分に伝えられたものなのだという自負もそこに重なっておりました。頑固、依怙地なくらいにそのことを守り通したいとも願っておりました。そのような気持ちと、さらに、もし不慮の交通事故、不意の災害、災難などで一瞬にして我が命が潰えるようなことがあるとすれば、こんにち記録として遺していただけるのならばありがたいと思った次第です。しかし、あとから未熟な自分を観かえすというのは、懐かしいのとはまたべつに、恥ずかしさもあります。

かつて晩年の中村歌右衛門さんが六十代のときのご自分の踊りを称して、「たしかに体はよく動いておりますが、ただそれだけですね」とおっしゃっていました。見比べれば、踊りは素人のわたくしにも、六十代の歌右衛門さんの身体は着物の下で胸の上中下、身体すべてがくまなく働いている様子がありありと観てとることができました。踊りそのものではなく、着物の下でうごめく身体そのものを観る愉しさがそこにはありました。そして、晩年の踊りのほうにはそのような身体的技巧は、竹原はんさん同様に、すべて排除されており、まさに心の働きが優先されておりました。こうして見比べさせていただくと、たしかに六十代の踊りはつまらないとご本人がおっしゃるように、わたくしにもおもしろくなく感じられ、ぎゃくに身体も老化したその晩年の踊りの素晴らしさのみが心にしみました。そのような素晴らしい踊りは、六十代でも見事に動き尽くすような身体の働きの積み重ねがあったからこそ、その充分以上に働きを持つ身体を通して表現され得た技能だと思います。身体の働きのいまだ不充分なうちから、心だ、気だ、観念だと集中してみても偏頗のそしりをまぬがれません。その思念を、身体を通して充分に発揮することができる身体があったからこそ、誰にもまねできないほどの心技としての素晴らしさが表現されたのです。そのような気の働きというものを充分に表現するためにこそ、観念の世界ではなく術技そのものの追究が大事なのです。その術技の追究ということは、ただ単に剣を振り受身を取ることを意味しません。すなわち剣体と心体とを一致させるということに全力を尽くすことが武術修行の眼目です。

古い私家版の稽古ビデオの中のわたくしはまるで別人のようにさえ感じます。いや、あきらかに身体そのものが異なります。姿勢ももちろんですが、動きも稚拙です。それらは当たり前のことと、わきまえております。そうした身体における稽古の歴史があって、こんにちのわたくしの心体が出来上がってきたのです。だから、以前のわたくしのビデオや写真など面白くなく、どうでもよいということなのです。それよりこれから先の身体がどうなっていくのかということにしか興味がありません。

老化と術技ということを考えますと、若いときにできたことと比較するなどまったくお門違いのお話です。老化した身体が若い時にできたことと同じことをできるわけがありません。しかし、武術もまた明らかに若い頃より老年の技のほうが上であると自覚することのできる世界です。武術の術技というものに、多くの方は誤解または幻想を抱いているように感じます。ですから、祖父のいった「歳をとっても腕は落ちない」という言葉をなかなか理解することができません。わたくしは、歳をとればとるほど、自身の納得のいく動きが出来るようにならなければ、それまでの修行はうそになると思っております。うそという言葉が適切でなければ、たんなる運動といえばいいのでしょうか。しかし、運動、スポーツとはいえ、一生を通してそのスポーツを愉しむことを人生の目標として実践されれば、それはその方にとっての「道」となります。武術の術を、一生をかけて追究するからこそ、その生き方が武道となるのです。

「うちでは武道そのものを教えるなどということはできない」とは父がよく言っていたことです。武道という単独の武種はないとの認識でした。術そのものを学び日々実践することが道なので、教え教えられるものではないと考えておりました。さきほどのわたくしの〝老化したときの納得のいく動き〟も、祖父の〝歳をとっても腕は落ちない〟と同義です。老化した身体を納得して一生を終わりたいものです。理解していただくことの困難さ、不可能さを自覚しております。そんなわたくしの道程をご覧になり、そこに術技の変化、心身の変化、身体の歴史を感じ取っていただければたいへん幸いに存じます。

両足を揃えた自然立ちと右足半歩前の立ち姿を、私の後から入門年数の古い順に並んで、その身体の有りようを比べてみたものです。背部が自然な曲線を描く私の、いわゆる中心軸は、頭頂部から耳孔、肩、股関節、足部それぞれの中央部が一直線上にあり、アレクサンダー・テクニークでいうところの良い姿勢を形作っております。反り胸で一般的には良い姿勢と言われる不良姿勢だった私が、この姿勢を手に入れた頃は猫背になったと言われたものでした。道場での多くの門下生の姿勢の雰囲気からは、一般的な良い姿勢は感じられないことでしょう。

正面からの図に、解剖学的な単なる直線性ではなく〝振武舘の正中線〟の有無を観てとって頂けたら幸いです。こうしてみると、半身にもいろいろとあることがわかります。それは取りも直さず、ひと型教えればそこにそれだけの種類の同名の流儀が存在してしまうことになります。型は理論であり、動きを理論化するためのものではありますが、その理論を身体を通して理解すること自体が果てしなく難儀な道程であります。正しい型を遺し伝えるということは、大いなる御力にすがらなければならないとさえ思えます。

4

問■加齢とともに、動きや太刀筋に重さや遅さ、にぶさ、身体の衰えなどというものをお感じになられることはないのでしょうか?

答■力の絶対否定された世界ゆえ、年齢性差体力等に無関係に学ぶことができるのです。

おっしゃるとおり、わたくしも日々老化をしております。若い頃と同じように、低い腰構えで型を繰り返すなどということはできません。若者と同じ運動量をこなす、ということは老人には不可能です。不健康ですらあります。

しかしながら、ゆっくり動いて速いという型の世界だからこそ、最高速の動き方を年齢や体力に応じた動き方で稽古ができ、若者にまじってそれを楽しむ事ができます。おかげさまで、まだわたくし自身からだが重いとか若い弟子たちより動きが遅いとか鈍いとかを感じたことはございません。体はまだ軽さを実感しており、稽古のときは、わたくしと比べると、ぎゃくに若い弟子たちのほうが重く、遅く、そして鈍く固い動き方をしております。と、申しましてもどうぞ誤解をなさいませんようにお願い申し上げます。ご質問のとおり、わたくしの体そのものは歳相応で、体育的にみれば当然わかい方達よりもかたく柔軟性はありません。動き方の質的な問題としてご理解いただければ大変ありがたくぞんじます。理論的な動き方というのがすなわち型そのものですから、剣の質を高めるためにこそ学ぶ価値のあるものです。力の絶対否定された世界の剣の理論だからこそ、年齢性差体力等に無関係に学ぶことができるのです。

そんな稽古の継続のおかげで、また太刀が速くなったと実感できたことがありました。それは、忘れもしません。本年三月五日の木曜日の稽古のときでした。いままでは他覚的にはいざ知らず、自覚的には時間の経過とともに後から進歩の度合いを知ることはあっても、これほど明確に現場で実感したことはありませんでした。

太刀の稽古のときの受流しから打ち込みの輪の太刀の部分です。これまでにもこの廻剣理論の消える動作に関して、取材などでは四次元の住人だとか種々の評がなされたこともありましたが、今思えば、たとえ消える太刀筋であったとしても、まだまだ力を使って早く打ち込んでいたぶん、甘さやごまかしがあったように思われます。それが、この日、さらに手の力みが消え直線性がましたために、自分でも、その速さを自覚することができました。受け流しに太刀を肩に背負う動作そのものがまず直線的に消えます。しかし、それは動きが直線に支えられて消えるのであって、太刀の変化、切っ先の変化は下円を描くことが必須となっており、その変化こそが魔の部分を支える術技性となっております。それは素振りの基本から教えられ続けた部分でありながら、だれも容易にはできない動作要素なのです。この操作自体の運動の抵抗感が、この日、手の操作から消えました。この受流しですでに受を崩し、打ち込ませておりますから、わずかでも受が打ち込む動作を起こせば、そのときは取であるわたくしの太刀は受の頭上に届いているという、まさにひと調子の受流し、打ち込みです。それが、太刀が円弧を描く部分もなく直線的に相手に向かって太刀が伸びます。それらが総体的に消えたまま運動します。この実感を得て、数度試してみましたが、やればやるほど、その速さの実感が積み重なり、そのうれしさについ顔がほころんだことでした。そして、また速くなって悪いねえと冗談すら出る始末でした。

輪の太刀と申しますが、輪とか回転、廻剣という円転運動に関する語の概念とは異なり、じっさいのその輪の太刀は直線そのものとしかいいようがありません。では、そこに居合わせた弟子たちの目にはどのように写ったのかを聞けば、もともと以前の太刀筋ですら消える太刀筋でしたから、首を捻るばかりで、うまく表現する言葉がでて参りません。横から、背後から観察してもらっても、とにかく速くなった、こちらが打った瞬間頭に太刀が届いている、コマ落ちではなくふたコマ落ちだ、たしかに比較すればこれまでは若干頭上の太刀筋に弧を描く部分が読み取れなくもなかったが、それがなくなっていきなり太刀の形が目に入って終わるなどなど……。半身から半身へと身体は百八十度ずつ転回をいたします。転回をしながら太刀を最大限度に円転をさせた結果、そこに現われたものは、ほとんど直線的に前進する身体と剣でした。しかも、その直線は見えざる直線性です。なるほど、輪の太刀から魔の太刀と恐れられた剣の本質はこのような太刀の使いぶりの中にあったのかと、この歳になってあらためて実感することができたことがうれしく、感慨深いものがありました。とはいえ、現代人のわたくしがようやくこの歳になって、できるようになった技術です。いにしえの侍のほんとうの輪の太刀など、いったいどのようなものであったのかを量り知ることはできません。すくなくとも輪の太刀の術技の一端を垣間見ることができただけでも重畳、よしとするしかありません。

魔の太刀の本質

左膝の故障時を摸して、やや高い腰構えで使っております（本ページよりの1〜7図）。受は輪に誘われ崩されて打ち込みが深くなってしまったぶん、完全に頭部を打たれる結果となり、次ページ左列1〜4図の受は、速さを予測し、居ついたままの浅い打ち込みから取の打ち込みもないのに反射的に頭上を防御したため、空いた腹部を斬られております。

1

2

3

4

1

2

3

4

5

6

7

5

問■先生のお歳で、いまだに速くなられているいうことが信じられません。なぜそんなことが可能なのですか?

答■おっしゃるとおり、信じられないというお気持ちは充分に理解できます。

しかし、この件に就きましては、ともに術技の追究をしていない限り、おそらくそれは永久にご理解いただけないだろうということがございます。ひとつの技に関して、わたくしがどれほど言葉をつくしてご説明をいたしましても、その身体運動に関して共通の認識理解、運動理論の理解がないかぎり、いくら理解しようと努力してくださっても真の理解は稽古を通してしかありえないということが厳然と浮かび上がってまいります。

しかしながら、それを承知の上で古伝の武術のすばらしさを知っていただきたいと念じつつ、その核となる我が流儀の型々を理論として縷々紹介し続けてまいりました。しかし、その型を演武という形で再現しようとすれば、当初わが父は、お前はもうだめだ、祖父泰治と同じように抜けるようになったら誰も理解できない、とまで言ったものでした。他人様に見せるために稽古をしていたのではないし、理解していただきたいと思って稽古をしていたわけでもなかったので、そんな父の評価は気にもなりませんでした。我が道を往くだけです。過去から今日まで、代々の先師先祖から伝えられた家伝の武術を未来へと遺し伝えたいという思いだけで稽古をしてまいりました。それもまさに家に残すことさえできればよいと観念しておりました。

それが今日の社会環境周囲の状況を誰が想像できたでしょうか。わたくしにはまるで夢のようです。ご質問の信じられないというお言葉は、まさにその信じていただけない術技の世界を些かでも理解したいとのご興味からのご質問かと思われて、大変うれしく存じている次第です。

速さということに関しましては、過去に神速ということについてお答えさせていただきましたとおり、理論ですから、身体をどのように動かし働かせれば侍の世界で正しいとされる合理合法的な心身の活動を表現することができるのか、という一点のみでございます。剣道などでも傍目には一見ゆっくり動いているように見えても、どうしても打たれてしまうというご経験をお持ちの方は大勢おられるかと存じます。現にさほど速くない動きなのですから、理屈ではそのような攻撃に対して俊敏に動けば躱すことはもちろん、容易に反撃することもできるはずです。しかし、現実にはどこにでもいくらでもみられる現象です。たしかに一瞬の動作で相手を倒したり打ち込んだりする速い動きも当然、その世界の中の出来事に含まれます。

わが国には、そこに完全静止即最高速という理論が存在していたのです。コンピューター超高速の現代ですが、そんな我が国の伝統文化遺産のひとつとしての身体文化である武術の一端を、米粒のひとつでも残せたらこの上ない幸せです。じっとしているのが最も速いというのですから、電子式の計測装置をもって百メートルを何秒で走り切るかなどという世界の基準では理解不能でありましょう。

なぜ老齢になっても速くなれると言い続けられるのかということについては、今申し上げました通りの理論集中の、いわば動きの抽象化とでも申しましょうか、そんな世界だからこそ、我が身体が年数を重ねて稽古をし続けている過程を発表させていただいているうちに際限もなく、また速くなったという実感を繰り返しているうちに今日に至ったという塩梅でございます。

速くなった、という言葉でまた早くも誤解が生じていることかと存じます。そうなれば、また堂々巡りの話がはじまります。また速さとは、神速とはというご説明を重ねながら……という繰り返しとなります。わたくしの演武の映像なども、こんにちではいくらでもインターネットを通じて、若く未熟なころの動画なども含めて閲覧することが可能となりました。そんな生活環境ゆえか、わたくしの居合が速いと言われて評判になったこともございましたが、その速さは皆さま方一般人の眼が基準となった、運動的速さとして捉えられた速さとしてご理解いただいたものかと存じます。同じ動き方を、もしわたくしがゆっくりと演武をしたらどうなのでしょうか。それを遅い動きだと評価されるのでしょうか。まさに、その様子がいろいろな評価から知ることができます。侍の世界で正しいとされる動き方、すなわち最高速の速さ、これは先ほどから申し上げておりますとおり、眼に見える速さも眼に見えない速さも含まれております。その抽象的な速さ、最速の動き方をゆっくりと動いているのですから、先の速いと言われた動きと同じものなのです。

わかるかなぁ、わかんねぇだろうなぁ……と松鶴家千とせ師匠もなげかれております。

不測不知の世界

第1～3図は素振りに振りかぶった太刀を消しての胴斬りです。消えると言っても「ワカンネェダロウナァ」。第4～6図は受の真向斬撃に際し、その先を抑え取り割って入った瞬間の受の回避行動です。「モットワッカンネェダロナァ」。

第7～9図は居合の真向斬りの体捌きを日常的な動きにしたものです。「腰クズシテンダケド、ワッカンネェダロウナァァ……」。

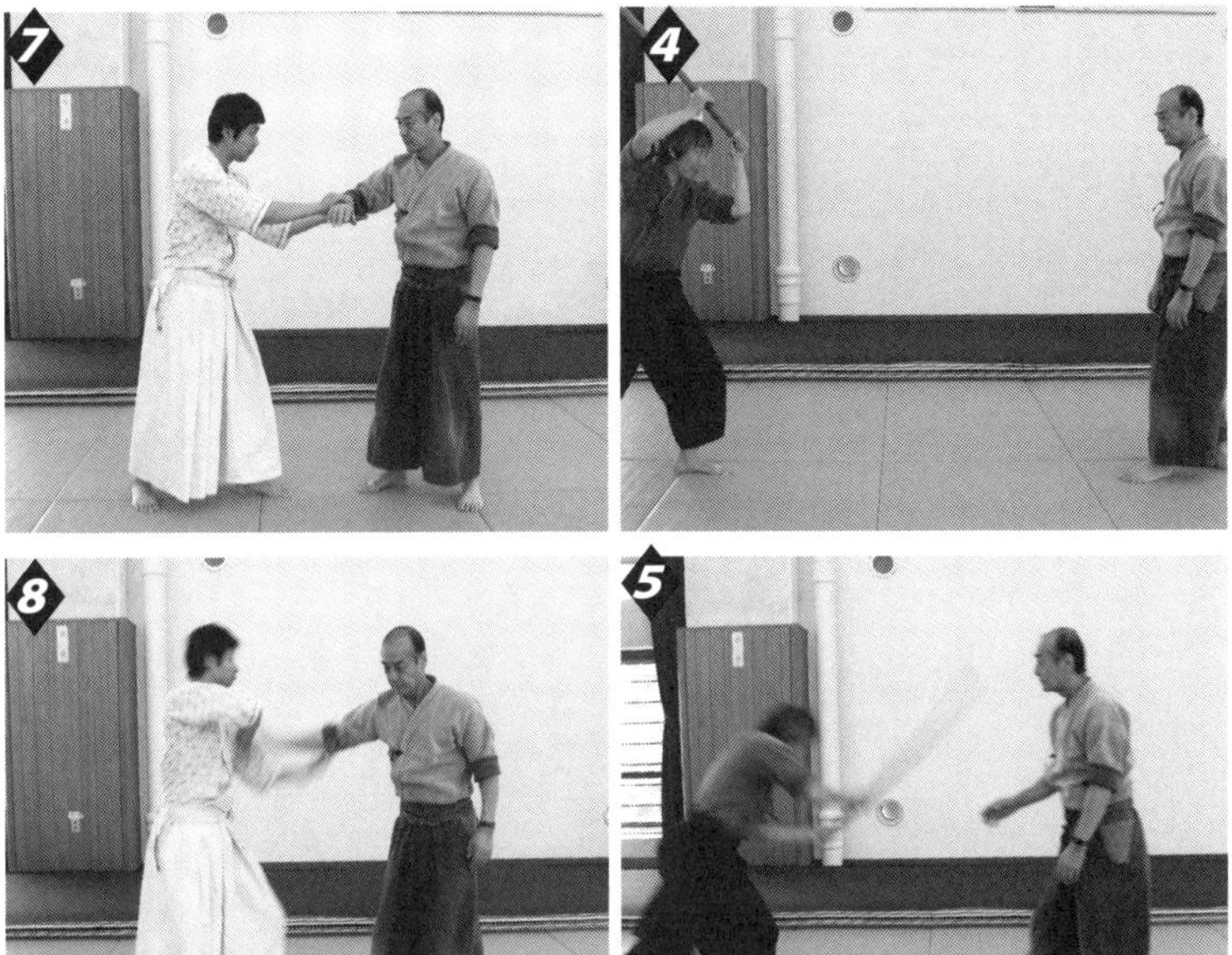
4
5
6
7
8
9

6

問■黒田先生はそのお歳でさらにまた上達したとのことでしたが、信じられない者の一人です。特に居合は一番難しいと仰ってましたが、何か変化はございましたでしょうか。

答■この歳で上達し続けているなど、一般常識に照らして逆に恥ずかしい気も致します。

わたくしは祖父の修業中の話や稽古にまつわる種々の逸話を、ただただ昔の武人とは凄いものだと讃嘆、信じて聞いておりました。そんなわたくしは、父に「お前ももう大人なのだから……」とたしなめられました。どれほど卓越した術技能力であっても、自分と同じ次元の延長上にあるものとして首肯できる範囲のものしか受け入れられないという事実が存在していることを知らされました。卓越した祖父の技を眼にしていながら、曾祖父と相弟子の高岡弥平翁が、たかだか壁を走り上がり天井を二、三歩走って、くるりと受身を取ってその場に立った、などという程度の話すらなぜ信じられないのかという不思議さと腹立たしさを感じたものでした。この後、しばらくして父はわたくしの稽古に対して、自分より雲の上に行っているなどと言うようになりました。まさにこれが一般感覚としての、父のわたくしに対する評価だったのでしょう。自分の知識、体験したことのない段階の稽古は理解のしようもないのです。これは稽古を共にしない一般の方との会話で、永遠のすれ違いを実感させられたことでもありました。ともに稽古をしていてさえ、見えない、分からないという次元の稽古風景です。いくらか理解できたと思った稽古ですら、のちに誤解が判明したなどというのが今日の振武舘の稽古風景です。

２００３年の米国での合気エキスポの際、トビー・スレッドギル師がわたくしの体捌きをアナザー・プラネットという言葉をつかって評したことがございました。勿論、冗談交じりの評だと思っておりました。のちに他の人から宇宙人だとも評されました。そんな感を人に抱かせることが出来たのも、理論追究の世界で稽古を続けてきた結果だと存じます。たしかに医学的には一般的な身体活動は、年齢と共に下降線を描くのが世の習いです。それはわたくしも医学をかじりましたので重々理解しております。実際、加齢とともに人としての生理機能も衰えます。

しかし、そんな現実世界に生活していても年齢を問わず稽古の上達を実感できる世界が存在しております。まさにあの世はこの世、この世はあの世です。そのありがたさを実感するばかりでございます。それを信じられないとおっしゃるのもよく理解できます。わたくしたちはただただそんな世界での稽古を楽しんでいる武術的稽古集団なのです。いずれにせよ、そこで稽古を続けていて、正しい上達を実感すればうれしいものです。

居合術においていままでこのような抜き方はしてこなかったし、出来なかったという抜き方の変化が表れればつい頬も緩むものです。しかも振武舘黒田道場で一番難しいとされる居合術においてです。剣術や柔術などのように相手があっての技の変化上達を相対的に実感するものと異なり、まさに自分自身の体捌き、動き方そのものの変化を実感できたのですから、そのうれしさもひとしおです。この居合術での変化は、最近、型での遊び稽古をしながら実感したものでした。

受を座構えの右斜め前に付けます。受は左手でこちらの柄頭を軽く把持します。その肘は伸ばしておりますから、取は右手で単純に太刀をそのまま抜くことは出来ません。その状態で理論を旨とした「正しく抜く」ということを皆で繰り返しておりました。

まず太刀を抜くために、正しい体捌きに手足を合わせなければなりません。そのためには、何より浮身の正確さが大事この上ございません。とは言え、浮身の稽古自体、遊び稽古として昔から行っておりました。それが年数を経て、やっとこの時期に重なっただけかもしれません。みな十数年、二十数年、三十数年と稽古を重ねてきた稽古仲間です。その質も上がって当然です。だからこそ、稽古の質も深いものとなり、そのひと稽古ごとの内容も以前とは比べ物にならないほど楽しくかけがえのないものとなっているのでしょう。

若い頃、祖父泰治にもっと低い位置で抜けと注意をされました。同じことをわたくしも弟子たちに指導してまいりました。そこには、同じ形を取って稽古をしても技倆の差を明確に表す見えざる腰の高低差が表現されるものです。しかし、それがそのような一般の目に見えざる技倆の差としての高低ではなく、まさに実質的に低い位置、速い段階での抜刀が出来るようになったのです。当初のわたくしの自覚としては、足がさらに楽になったことでした。この感覚は妙でした。

以前の抜き方は、指導の段階として手足体の一致を見せることを意識しなければ、もう抜けなくなりました。

限りなき上達の事

まことに上手に写真を撮っていただいたので、説明は不要なほどです。本頁の1～3図は低い位置で抜けるようになったものです。次頁の4～6図は指導のために意識して形をつくった抜き方です。こちら（以前の普通の抜き方）は意識して抜かなければ、このような抜き方は出来なくなったものです。

4

5

6

第4章

刀の深奥

1

問■日本刀の持つ魅力にも大変心惹かれるものがあります。そこで伺いたいのですが、黒田先生は日本刀に対してどのような拘り、あるいは想いをお持ちでしょうか？

答■日本刀へのこだわりはありません。

日本刀へのこだわり、執着はまったくございません。なにごとも、ものごとにこだわるというのは、むかしから悪いこと、悪い習慣とされております。こだわって、なにかいい結果がえられるとは思えません。

ただ刀剣をご趣味とされる方々が大勢おられますように、わたくしもたんに地肌、刃紋や反りなどの美しさ、拵えの精妙さに惹かれ、観賞することなどは好きです。しかし、なにか薀蓄を述べよといわれても、述べるだけの知識もございませんし勉強もしておりません。

祖父泰治の言葉に〝刀は軽いほどよい〞というのがあります。たしかに美しいだけ、高価なだけというよりは、実用的価値の高いもののほうが、使うほうとすれば、ありがたいものです。軽いといわれる刀は、概して古いものに多いようです。祖父は古刀を好み、自分がもし戦場に行くなら古刀を一本もって行くと申しておりました。それは、いくら斬っても刃がとまらないから、とも申しておりました。たしかに新刀や現代刀など時代がさがったもののほうが一般的な意味での切れ味は鋭くなるようです。しかし、すぐ刃が止まるとは多く聞くところです。

古い型の稽古により、斬れないと現代人に言われる古刀一本に、自分の命を預けられるような腕前になりたいと念じております。

2

問■黒田先生の使われている御刀は古いものなのでしょうか。
また、普段重い（？）真剣でお稽古をされているから、あのような抜きがおできになるのでしょうか。

答■自分の腰にあるものは、真剣であると念じることが大事です。

いいえ、祖父の残してくれた無銘の刀以外は、みな現代の刀匠の方々に打っていただいたものばかりです。

ちなみに湧水心貞吉師のものが二振。長さ（刃渡り）は、昭和五十八年作が78・9センチ、昭和六十年作が79・0センチ。それぞれ反りは、2・3センチ、2・1センチで重量は、前者が、棒樋が入っており鞘を払って1090グラム、後者が、二筋樋が入っており鞘を払って1150グラムです。祖父の刀は、樋はありません。長さ72・2センチ、反り1・7センチで目釘穴二個。鞘を払って1100グラムです。昨年、還暦の祝いにと小林康宏刀匠の御刀を弟子たちから贈呈されました。この刀にも樋は入れませんでした。長さは76・0センチ。腰反りで1・5センチ、目釘穴は二個を穿っております。重量は、鞘を払って1170グラムです。

普段の稽古は、貞吉刀と同じく二尺六寸あるいは七寸の練習刀（八・五寸柄、970グラム、1040グラム）をもっぱら使用しておりました。最近は手軽な二尺五寸のものもよく使用しております（自分自身長さに拘泥しなくなったようです）。体育館、武道館などの公共の施設では、事故や社会性を懸念してか、真剣の使用ということに神経質になっているようです。以前、直接、館長さんが道場へお見えになり使用刀の確認を受けたことがございました。幸い、わたくしをはじめ門弟一同ほとんどの者が練習刀でしたので、ご安心をいただいたことがありました。たしかに修行者としては真剣での稽古が理想ではありましょうが、他はいざ知らず、当振武舘では往時と異なり、現在は選ばれた人ではない方々にも指導をしておりますので、型の内容からとても真剣では当初の稽古すら不可能な状態となってしまいます。その点、模擬刀という現代の優れた道具を使えるということは、たいへんありがたいことだと思っております。それに、たとえ模擬刀とはいえ、素人目には真剣と見まごうほどのできのよいものが市販されておりますし、重量や重心も遜色のないものが多く出ております。価格も当然のことながら、真剣よりもずっと安価に手に入れることができます。ただ、本来ならば鞘や鯉口の甚大な損傷を起こしているはずの不適切な動作でもとりあえず型のかたちを稽古できてしまうという落とし穴がございます。そこは、竹刀を真剣だと思え、などと言われますように、たえず自分の腰にあるものは真剣であると念ずるしかございません。しかし、人には慣れということがあり、一方では上達につながりますが、その慣れにより、練習刀はあくまでも練習刀にしかならないこともあります。たいへん難しい問題ですが、心の込め方一つすなわち心身の理論化に集中することで、真剣で稽古をしているのと同様の内容を得ることもできるのではと期待しております。稽古を続け、術技の上達とともに、やはり真剣を手に入れたいとの願望は自然にわいてくるようです。

国内での演武の時以外は、わたくしは、いま申しましたとおり練習刀いっぽんやりです。その演武の時は、おもに二尺六寸の貞吉刀を使っております。海外での合宿などでは、以前は持ち歩いておりましたが、9・11テロ以後、稽古道具は現地の弟子に任せております。真剣の場合もありますが、多くは練習刀が主です。二〇〇七年のパリでの招待演武のときも現地弟子の練習刀を借りておこないましたので、やや短めのものでした。今年の米国合宿のおり、日本の伝統的な文化の素晴らしさを紹介したいといって、ビデオ撮影がはいりました。剣術、柔術の合宿稽古風景やインタビューをまじえたそのときもあり合わせの練習刀で居合をおこないました。わたくしの現在表現しうる居合術という身体の技芸をお目にかけるのに、道具は別になにも真剣である必要はございません。練習刀すらなければ、木刀でもかまいません。居合術における浮身からの発剣、二躬という身体術技こそが居合の本旨です。

祖父泰治は、居合だからといって、けっして長いものを抜く必要はないと申しておりましたが、稽古ではいろいろな長さ、重さ、反りなどのものを抜いて、手に抜きなじませることも必要であるとも申しておりました。とはいえ、現代でもそんなに何本もの刀剣を手元において稽古のできる方は少ないと思います。残念ながら、数少ない刀剣類（真剣、練習刀）を丁寧に使いこなしながら、身体の理論化に集中することが捷径かと存じます。

居合を稽古しておりますと、どうしても刀は長いものへと移ってまいります。身体が働きを得るにつれ、その身体が長いものを要求してまいります。わたくしごとで恐縮ですが、未熟な若い頃、二尺六寸刀を抜き始めたときは、もう手いっぱい体いっぱいという感じでしたが、現在は、手首を返しただけで腰から抜けるという感覚になっております。

還暦祝い小林康宏刀

刀剣ゆえ誕生祝いにいきなりというわけにもいかず、あるとき弟子からいろいろと刀に関してのわたくしの希望などを聞かれ、その折、じつは還暦のお祝いに刀を造ろうということに弟子たちの意見がまとまったと聞かされ、たいへん驚いたものでした。拵えの蜻蛉は武士たちが好んだものでわたくしもそれにあやかりました。

刀銘：（表）祝黒田 鉄山先生還暦 於甲陽長坂康宏作
（裏）平成二十二年庚寅長月吉祥日小林康宏刀匠作
刃長：二尺五寸　腰反り 1.5 センチ

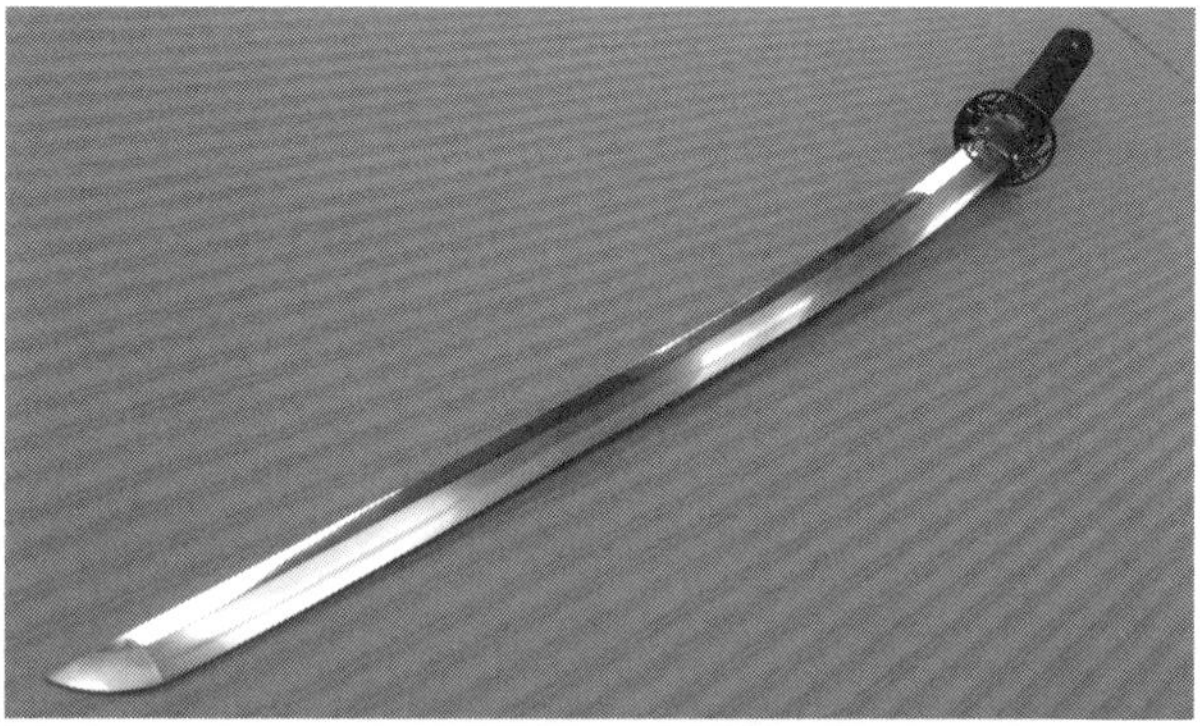

3

問■切っ先が強いとか、剣先をはたらかすなどと言いますが、どのようにすれば手元から遠く離れた、竹刀や木刀の切っ先を、強くすることができるのでしょうか。

答■身体を協調的に働かせるべく、細やかな心遣いが必要となります。

本来、木刀、竹刀をふくめて太刀や各種の武器類は、柔らかく把持するものですが、それでいて剣先、切っ先が鋭くつよいと評される持ち方、使い方が術技的な問題として存在しております。個々の道具として各種武器をあつかわなければなりませんが、その扱い方に正しい術技を学ばなければなりません。

とりあえず、ここでは太刀にお話をしぼってご説明いたします。

剣道を学ばれている方々ですと、ご存じないかもしれませんが、わたくしどもに伝えられた新陰流発祥の駒川改心流剣術においては、柄の持ち方が一般剣道における持ち方とはいささか異なる点がございます。

柄頭を左の手のひら中央に立て、柔らかくくるむように把持します。すると、薬指が柄頭からはずれ、小指は完全に柄から離れた位置で握る形となります。左手は親指、人差し指、中指そして薬指は半分が掛かるか掛からない程度となり、指三本（あるいは三本半）で太刀を扱うこととなります。祖父泰治は、こうでなければ技は出ないと申しておりました。もちろん、左右の拳ともに斬り手となり、いわゆる左右の合谷が一直線上に整います。このような持ち方を前提としてお話を進めさせていただきます。

これは、切っ先がはたらいているかいないかをみるためのあそび稽古のひとつの例です。受のかたに手のひらあるいは指を腰ぐらいの高さに出してもらいます。それを術者は切っ先で下方に押し下げることができるかどうかというものです。

ここではその指ごと相手の腰をくずして押し下げることを目標としましょう。

切っ先を押し下げるとはどういうことなのか、どのような身体運動、手、腕や躯幹の筋肉群の働かせ方をすればよいのでしょうか。一般的にはただ手や腕を押し下げようといたします。それでは、受けてみればわかりますが、指にさほどの力は感じません。それほどきちんと切っ先には力が伝わってはいないのです。押されながらその指を上下に動かす（上に押し返す）ことさえできるのです。

普通に押し下げようとする運動は、その力が太刀の手元から中間部にかけて集中してしまいます。したがいまして、腕力任せに木刀や太刀の物打ち部分で物を叩きにいきますと、その力の集中した部分が損傷することになります。

さて、ここでおわかりのように、ふつうの押し込み方では相手を崩すことはできないということが明らかになりました。ふつうの押し方とは、両手を押し下げるように、つまりただ下へ押し込むだけで両手の働きがともないません。円、あるいは円弧を描くようにと注意をしても、どのように手、手首を協調的に働かせればよいのかが見えて参りません。だからこそ、このような単純な動作一つにしても心こめてお稽古をするという細やかな心遣いが必要となります。いくら暴力的な力を増大させてみても、術技にはいたりません。太刀や竹刀、木刀を損傷するばかりです。

以前にもお話ししたことで、わたくしごとで恐縮ですが、昔まだ竹刀稽古をしていたころ、弟子の小手を打ったとき、二、三日たってからその部位が腫れたことがありました。ご経験があるかもしれませんが、竹刀で強く打たれた部位、小手などが幾筋ものミミズ腫れになることは多く見受けられます。皮膚表面の損傷です。強く打たれたとはあまり感ずることなく深部からの腫脹が時間の経過とともに浮き上がってくるということは打突の質の違いを表しているのではないでしょうか。

　おなじく切っ先の働きをみるための稽古ですが、その小手打ちがきちんと相手の中心部に達しているか否かを調べます。受が腰の高さに持つ木刀にこちらの木刀を接触させた位置から小手打ちを発動します。多くの方は、やはり同じように右手主体の押し込みをおこないます。短い打突にはなりません。軽い打ちでよいのです。きちんと操作ができれば、その軽さのまま相手の腰の中心部に到達します。力の強さで何かをしようというのではありません。どのように身体手足を働かせばよいのかが問題なのです。

　同じく、切っ先の働いている突きを勉強しましょう。力で突いてはいけません。くどいようですが、どのように身体手足を動かせばよいのかが問われているのです。

　受は軽く切っ先を把持します。取のかたの動きがぶつかるかぶつからないかが問題なのです。正しく突くことができれば、受の足にはぶつからずに、切っ先を持つ手は軽く動きます。

　極端にお見せすれば、柄を持つ手は、指でつまんでいるだけでもよいのです。握力腕力の世界とはご縁がありません。

駒川改心流剣術　柄の握り方

第1～5図は本文説明どおりです。第6～8図は理論通りの体捌きにより受の腰を崩しつつ切っ先を落とすことができております。第9～10図は手元の動きが先に働き始めているため受にぶつかり切っ先を沈めることができません。

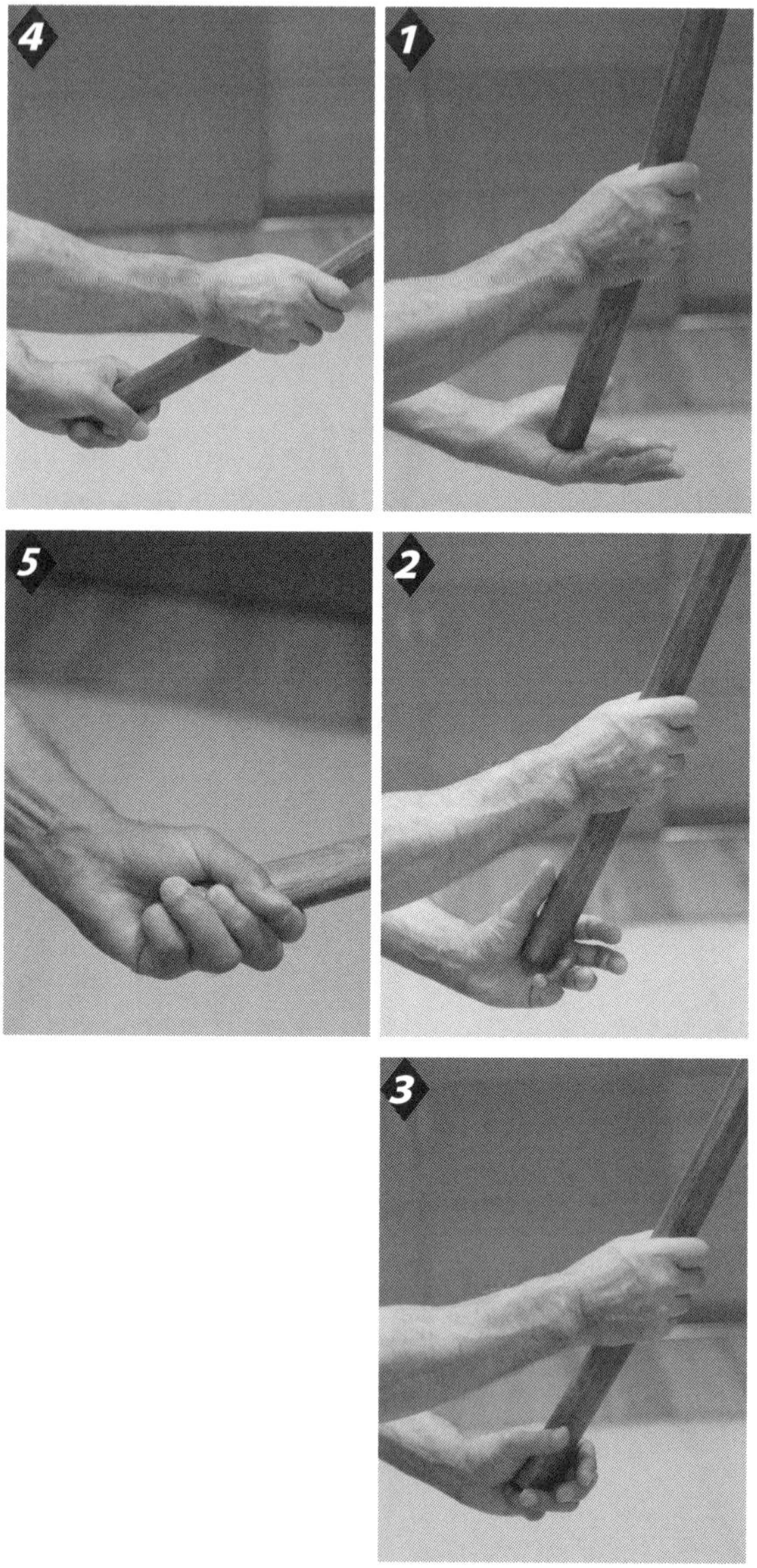

6

7

8

9

10

4

問■　刃筋を通す、ということを黒田先生はときおりおっしゃいますが、正しい刃筋とはどのようなものなのでしょうか。

答■　その精密度の追究には、各流各派の極意が抽象化して込められています。

竹刀で新聞紙を両断するなどというお話しを耳にいたしますが、まっすぐに竹刀を振り下ろすことができても、斬れない場合がございます。よく手の内と申しますが、こつ的な意味でその手の内を捉えてしまいますと、小手先の稽古になってしまいます。わたくしどもでは、その刃筋をただすためにこそ、体捌き、すなわち身体の在りようを錬ることに時間を割いております。

いつもながらのことで恐縮ですが、武術的観点から人の腕の上下運動をみれば、まったく働きのない運動しかできません。解剖学的に、それぞれの正しい筋肉がその手順にしたがって働いていないと申せます。そんな運動の繰り返しから、たとえ竹刀、剣をまっすぐに振ることができるようになったとしても、その直線性から見なおさなければなりません。

振り上げた状態に受をつけます。静かに太刀を振り下ろしますが、一般的には多くの人が受にぶつかり、太刀を斬り下ろせません。なぜかという原因もわかっておりますので、各自意識に意識を重ねて正しい筋肉が働いてくれるようになるまで、丁寧にその操作を繰り返します。祖父の言っていた、だめなものを速くしてもだめだ、という言葉は振武舘ではたいへん重い意味をもっております。そのため門弟たちには繰り返し、その意味を理解してもらうよう指導に努めております。

しかしながら、両腕の上下運動が体捌きによらなければならない、という意味はなかなか理解しづらいようです。腕を上下させるために躯幹が働かなければならない、胸の上下、開閉の働きがその奥になければならないということですから、身体の各関節運動のように単純に目にすることのできないためかもしれません。さらにこの場合は、肩、肘、手首の三つの部分を同時に働かせなければならないという難しさがございます。

以下に、あそび稽古として、受をつけてその三つの関節が同時に動いて一連のなめらかな動きができるか否かを検証することができます。

術者は肘を曲げて腕を水平に構えます。受は左右の手で取の手首と肘にそれぞれの手を添えます。ぶつかるか否かを検査するのであって、その動きを積極的に阻止しようとするのではありませんから、軽くてよいのです。だめな動きの場合は、その受が上級者になればなるほど軽く添えているだけですが、取の動きがはなから当たるためにその体勢からびくとも動くことができません。前腕を浪のようにうねらせて上下運動させようとしても、このようないっけん誰にでもできると思えるような運動がじつは意識したようには動いてくれないということを知ってはじめて人は謙虚になれるのではないでしょうか。そこからいままでの日常の生活でなんでも自由に動けていると思えた動きが、武術的観点からはまったく否定されるべき運動であると理解することができて、ようやくその人それぞれの武術の術たるべき身体運動の追究が始まるのです。物事には同じ分野であっても深さの違いがございます。わたくしなどが申している、消える動き、見えない動き、あるいは浮身、あるいはぶつかりのない無の抵抗の動きなどにおいても、いままでの経験からその深化を肌身に感じております。さらにその奥の世界に近づきたいと日々稽古にいそしんでいる次第です。

昔、富山の時代に武者修行の方々が道場を訪れた際に、曾祖父は割り箸が真っ二つに斬れますかと尋ねたそうです。「いや、それぐらいなら斬れます」と答える方に対して、曾祖父は、お断りをします。が、是非にと申し出て聞かない方を道場へ通しますが、案の定、目録、免許を相手に邪魔になるだけでまったく稽古にならなかったそうです。その反対に、「いや、まだ真っ二つにはとうてい届きません」と答えた方に対しては、こころよく道場へ上がっていただいたそうです。さすがに、そのような方は目録、免許の弟子たちとぞんぶんに良い稽古をすることができたとのこと。刃筋を通す、真っ二つに両断するというその刃筋の追究において、同じ言葉の中に格段の相違が存在するという事実です。自分の感覚での真っ二つという世界がそれぞれの個人の中に存在いたしますが、その精密度の差に自覚がともないません。

それゆえに、天から地を貫くたった一つの刃筋を追究した結果、各流各派の極意が抽象化した極意として、残されているのではないでしょうか。

そんな世界の術法、動き方そのものを知りたくて、求めに求めてもどこにもなく、ふと気がつけば、物心つくか付かぬかのうちに手取足捕りして教えられた、わが型にすべてが伝えられていたことを悟ったときの、我が身の未熟さ、申し訳なさは、それ以上のうれしさ、ありがたさにただただ頭を垂れるのみでした。

手首肘肩三点同時の運動

次頁第５図から 10 図までの三点同時の運動では、大きく動いているためと受がしっかりと把持しているため、その腰まで崩されております。第 11 図から 13 図では同じ受に対して同じように三点を同時に動かそうと意識はしておりますが、同時連動ができていないため、受にぶつかり動くことができません。

竹刀を用いての新聞紙斬り。ただまっすぐ速くたたくように振り下ろしても、新聞紙とぶつかる運動では、きれいには斬れません。

5
6
7
8
9
10
11
12
13

5

問■黒田先生は湧水心貞吉作昭和五十八年、昭和六十年作の刀二口を所持されているとのこと、それぞれの刀の目貫と鐔は何を使われているのでしょうか。

答■瓢箪透かし鐔で目貫に駒、および江戸時代の鍔で目貫は剣巻龍です。

刀装具にご興味がお有りでしょうか。どうも、恐れ入ります。

現在は、そのほかに祖父の残した二口（無銘）と還暦の祝いに弟子たちから贈られた小林康弘刀匠の刀がひと口ございます。お問い合わせの刀は、貞吉作刀による相州伝の二口に間違いはございません。それぞれ二尺六寸で注文いたしましたが、登録証には78・9センチメートルおよび79・0センチメートルと微妙な差がございます。

昭和五十八年作のものは応需銘が切ってございます。これは、父がわたくしに作ってくれた最初の刀です。

表銘　湧水心貞吉作
裏銘　応黒田鉄山先生需

出来上がってこの銘を見たとき、個人で注文したのに先生とは一瞬妙な気がいたしましたが、若かったのでとくに気にはなりませんでした。父も切ってしまったものに対して何も申しませんでした。なにより、刀の出来に喜んでおりました。

反りは2・3センチメートル。重さは鞘を払って1083グラム。棒樋が入っております。鞘は焦げ茶の石目です。鐔は刀匠が打って鍛えたもので瓢箪透かし鐔となっております。それに合わせて、縁金には瓢箪、目貫には駒を合わせてございます。

昭和六十年作のものは父繁樹が次男誕生を祝って作ってくれたものです。為打ち注文のせいか刀匠も気合がはいりました。

表銘　昭和六十年六月吉日伊豆三嶋住人湧水心貞吉謹作
裏銘　為祖父黒田繁樹孫正郡遣也

と、銘が切ってありました。業者から荒砥の段階で大変重量のある剛刀が出来上がった、いや、先生なら振れるでしょうが……との知らせを受けた時はどれほどの重さかと心配になりました。居合で使用するものだから軽いものが希望で樋もいれたのです。しかし、出来上がったその刀はたいへん均衡もよく、また砥ぎあがったせいもあってか思っていたほど手重に感じませんでした。反り2・1センチメートルで、その重量は、鞘を払って1158グラム、棒樋に添え樋が彫ってあります。

後から聞いた話ですが、貞吉刀匠は自分の打った刀を試し切りに使われるのが心苦しかったようでした。わたくしは今日まで、父から打ってもらった刀で物を斬ったことは一度もございません。演武の時にのみ使わせていただいております。

この為打ち刀の鍔は江戸時代の物とのことでした。鞘は溜塗、当初は真っ黒に見えましたが業者の言葉通り時間の経過とともに現在は赤茶になっております。縁金には桜の象嵌、目貫は剣巻龍です。

あまり、詳細なご説明とはならず申し訳ございません。図像をいささかでも楽しんでいただければ、誠に幸甚に存じます。

二口の貞吉刀のうち昭和六十年作のものの鍔および柄周辺。

五十八年作の貞大地拵えとなっております。左手の甲親指と人差し指の間を手首にかけて七センチほど斬り割いたのは、この五十八年作のものでした。

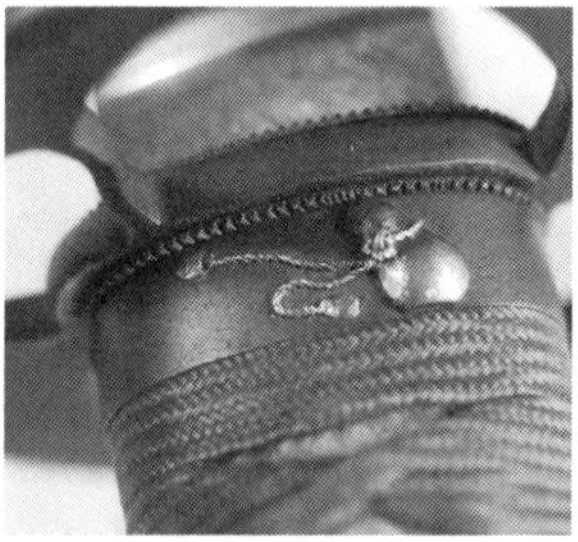

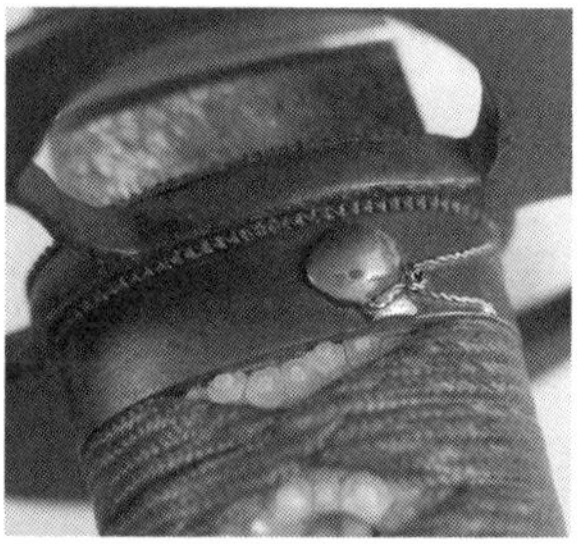

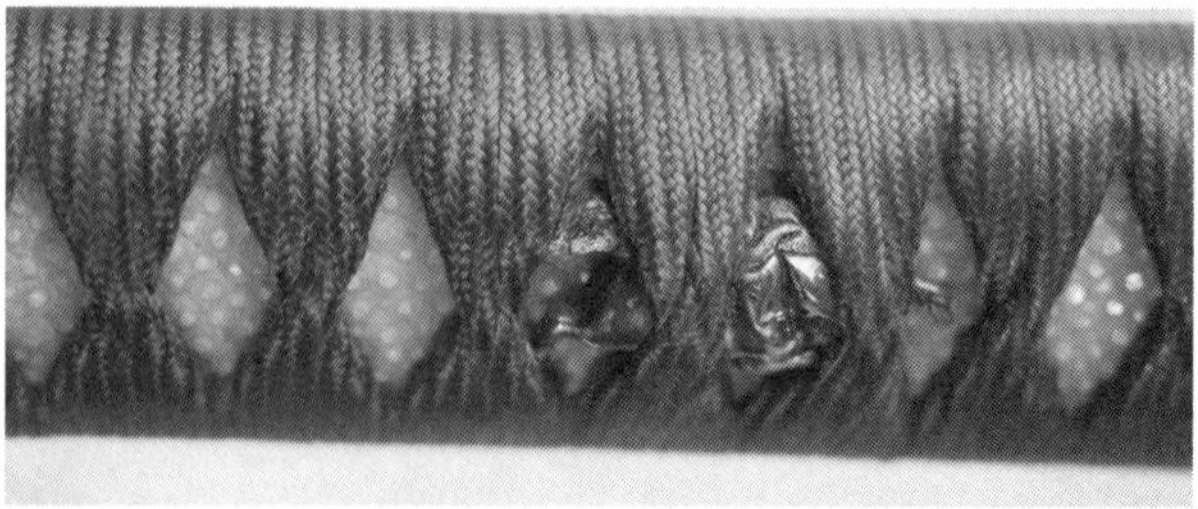

第5章

身体の神秘

1

問■先生の仰る等速度運動時、呼吸はどうなっていますか?刀を抜く時は息を吸っているのでしょうか? 吐いているのでしょうか?

答■普段の稽古では自然にしております。

呼吸法の大事さについて、私はよく理解しておりません。というより、呼吸の法が大事であるというのは当たり前ということです。したがって、普段の稽古では、自然にしております。平常身（心）是道。ただし、調息の法というものが伝えられておりますので、稽古の前後、あるいは最中に息が乱れてきたら行うといった程度です。

胸を開くということと、吸気運動とは異なります。同様に胸を閉じるということと、呼気運動とは異なります。太刀を抜きつけるとき、基本的には胸が開きます。従って、結果的に空気が肺にはいる場合があり、吸気したのと同じことが起こります。このとき、気合を発しますと呼気運動となります。が、胸そのものは開いております。また、無声のときは、呼吸運動は一時停止する場合もありますし、入ってくる場合も吐出される場合もあります。このとき、力むような形になると怒責作用といって、たしかに健康には悪いようです。吐いて使えるならば、吸っても使えなければなりません。

ただ、初心のうちは合韻の調子に絶えず注意したいものです。合わせること自体が難しいものですが、以上のように、呼吸に関しましても、消し去ることのできるものは、すべて消してしまいたいのです。身体そのものの正しい働きと空気の流入吐出は分離すべきです。干渉しあわないほうが身体運動は自由です。呼吸すらも消してしまいたいのです。無息の法とでもいえましょう。まあ、現代風に言えば、光学迷彩、ステルス操法です。

調息の法

一文字腰で両手の指先を下腹部前にてあわせます。

上に上げながら、吸気します。

頭上まで引き上げます。まだ吸気です。両腕の上下運動はすでに奥の型、極意の型になります。そこから、素振りの大事も理解されなければなりません。誰にでもできる上下運動は、「運動」です。「術」ではありません。

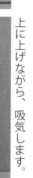

両手を左右に開くまで吸気です。そして、両手の指を下に向けるとき息を止め、指先に力を容れるようにして下腹部に軽く力をおさめます。この「力」という言葉が難解、誤解のもとです。

両手を元の位置まで戻しながら、息をはきます。４のときと同じく、息をおさめます。

2

問■筋トレ禁止の黒田先生がその筋トレをされているとお聞きして驚いております。悪影響は？　お弟子さんたちにもお勧めしているのでしょうか。

答■いいえ、薦めていません。

勧めてはおりません。おりませんが、弟子から質問をうけたとき、個人的にやってみて、遅くなるようだったらやめればよいのではないか、と答えたことがあります。運動の速さを維持しながら筋力を上げる訓練など各種の運動競技では科学的、医学的な根拠に基づいた運動法があるようですから、ご自身の納得のいく稽古法を見つけられてもよいかと存じます。ただ、現在のその筋肉の持っている稽古の速さがどれほどのものかがひとつ問題でしょう。めいっぱいの稽古でその筋肉ではもうそれ以上の速さは求められないという場合、速さをますための筋トレを充分におやりになり、お稽古で検証してみて動きが速くなったか遅くなったかを確認されたらよいかと存じます。おおくの弟子の場合は、わたくしの若い頃のような、何もわからずにただ木刀を振り回して速さを求めた時代とは異なり、動きを理論化しない以上、速くはなれないということが現実化しております。まして、それ以外の生来の動き方をしていては絶対と言っていいほど「消える動き」など獲得のしようもありません。いま、目の前でゆっくりと動いて見せ、それを何度も繰り返してもわからないという、筋肉の運動手順の異なった動き方こそがもっとも速い動き方なのですから、筋力の増強による速さとは大きく次元の異なることです。ですから、そのことをわきまえた上で、個人の嗜好として筋トレをおこない、稽古とはきりはなしてお楽しみになればよいと思います。そのとき動きのかたさ、しぶさあるいは遅さを実感したときそのような筋トレを続けるか否かはご本人の問題です。

さいわいわたくしの場合は、筋トレ絶対否定の日々の結果、ようやくその筋肉の動く手順が変り、稽古に際して受をつけたときに、その受にぶつからずに動けるようになりましたので、どの筋肉を部分的に鍛えても悪影響がでるなどということはなくなっております。このことは還暦のこの歳になってみて、ほんとうにありがたいことだと思っております。まさに、稽古とは無関係に健康保持のための適度な筋トレとして行うことが可能となりました。

たとえば相手と相撲の四つに組んで、しずかに倒す稽古があります。まず組んだとき、わたくしと比べてもらうことにより、相手の方の当たる部分をその方に指摘することができます。四つには組んでおりますが、ふわりとやわらかなもので包んだかのように、どこにもあたりはでません。かといって、当たらないようにわずかに身体をはなしているのでもありません。きちんと胸を合わせ、四つに組むのです。その状況がすべてを制するようになるための身体の理論化なのです。わたくしと比べれば、わずかに肩、あるいは上腕、またあるいは手やその各部の一部の接触感が強かったり、気になったりします。それが存在しているうちは、その相手を崩すことは不可能なのです。物理的な大きな力や角度の変化などによって、崩しているのではありません。

われわれの世界は虚構の世界です。それは相手が剣であると想定しているからです。力の大小に関係なく触れれば切れてしまうと、すべてを規定しているのです。そういう剣の世界で斬られないように、斬れるようにと念じて自身の動きを絶えず見つめ続けているのです。自分の体を自分自身で意図したように、思ったとおりに、動けるようになるまでは、自身への集中がとぎれたときは自分が斬られるときと観念しなければなりません。

まず、相手に触れたとき、自身の身体を止める、かすかな動揺を停止させることです。止まったと感ずることは当初はなかなか至難なことで、止まるまでまっていては稽古ができません。順体法というのは、そういうことです。きちんと止まったときが攻撃の体勢が完璧に整ったときですから、それがわかる相手は不安感、離脱願望にとらわれます。こんなことは剣を学ぶものにしか理解できません。ふわりと、組むというほどにはどこにも力は見当たりません。両手も相手の身体にしっかりとかけているわけではないのです。それでいて、相手を確実においているのです。そこから等速度に直線をつくって、思った方向に崩すのです。等速度も至難、直線の構築も至難、いずれをとっても人の身体は意のごとくには動かないものです。

剣を扱うためにこその力の絶対否定の世界があります。心の底では、あいかわらずの筋トレ禁止であります。

順体無足の体転換

ひと調子に体を転換させることにより、相手は無反応となりますが、手足体にずれが生じると、受につかまり、動きを封じられます。同じことが実手や小太刀の横真向の受けに必須の胸の働きとなります。手の動きは体捌きに順じますので消えます。同時にその動きそのものは受を崩す効果を有しますから、斬撃力を封殺することに通じます。

7
8
9
10
11
12

3

問■ 変な質問かもしれませんが、無足の法等であれほどの動きをされる鉄山先生の足の裏は、どのようになっているのでしょうか。

答■ 現在は、本当にごく普通の足の様子をしております。

以前、公開の場で整体師の故 岡島瑞徳氏に、初めてわたくしの体を診ていただいた時のことです。わたくしの動きの印象から、何か身体的な特徴、特異性がありはしないかと期待していただけに、こと平凡以外何もないというほど、あまりにも平凡である身体にまず驚き、その平凡の極致がわたくしの身体的特徴であるという意外性に肩透かしを食わされ、たいへん気抜けもしたと評されたことがございました。

このことからわたくしの足裏につきましても、その平凡性をご想像できるかと存じます。たしかに若い頃は、未熟ゆえに足もそれなりに使い、脚力も使っての道場稽古でしたから、多少足裏の皮も肥厚しておりましたが、現在は、本当にごく普通の足の様子をしております。ただ形態に関しましては、古い日本人の典型で甲高幅広で、土踏まずはしっかりと形が出ております。また、踵骨は現代の若い方たちと比べるとやや大きいかもしれません。

米国の弟子の一人が明確に、嫌いだという言葉を使うわたくしの動きがございます。彼に向って近づきながら両手を出して、いざ組まんとしたその瞬間、わたくしの身体が別の弟子に向いてしまうというものです。苦笑いしながら、この仕打ちはとても嫌いだと繰り返しておりました。組もうとした瞬間に眼前からいなくなり、何もないものに崩されるという感覚が苦手なのかもしれません。多くの方たちは、この当たりどころのなくなる、透かし崩され感を楽しんでおられますが……。

昨年、五月中旬、ひどい眩暈に襲われたことがございました。目を開けると眼振のために吐き気を催すほど気持ちが悪く、立ち居、歩行もままなりません。仕方なく家の者に車で病院まで運んでもらおうと思ったのですが、時間とともに体を起こしていられなくなり、横になって目をつぶっているだけで精一杯の状態となりました。そこで致し方なく、生まれて初めて救急車のお世話になることとなってしまいました……。

内耳にある耳石が種々の原因によってはがれたために起こった症状でした。それを聞いてわたくしの脳裏に思い当たるのは、ひとつです。加速度的な曲線運動を行うのではなく、折れ線のごとく直線的に人から人へと急激に、全身体そのものが方向を変える動きを、日をまたいで連続して次から次へと行なった、アレが原因ではないかとこの時、即座に思ったことでした。

で、現在は、この瞬間的に方向を変える動きは、ときおり数人に行う程度にとどめ、予防に努めております。この瞬間移動のとき、足の蹴りなどはもちろん使えません。脚力を使った身体の移動では、相手にはその動きの全行程が見えますので斬られてしまいます。

棒術では、このような左右への転身が主として学ぶべき術となっております。検証者を付けて、その左右への身体の変化の正否を判定いたします。形としては、身体を左右へ倒して太刀を躱すというものですから、どなたにでも形態を真似することは可能です。

よく冗談交じりに申し上げることですが、ひとりでやれば誰にでも出来るものです。ここに受が付けば、誰にも出来ない、という世界が現出いたします。まさに足を使わずに身体を変化させるからこそ、足が自由に左右へと変化することが出来るのです。足で身体という重量物を変化させるのではないからこそ、腰から下の足が床の抵抗を受けることなく、素早く剣の速さに対抗しうる速さで変化することが可能となるのです。

補助を付けてですが、いくらかこの動きが芽生え始めた弟子は、自分の足の軽さに驚き感激しておりました。その動きは、まさに日常には存在しない動き方です。足が身体の重さから解放された時の感動は、生まれ育って二足歩行で生活をするようになって以来、初めて経験する、今までの自分の足ではないまさに無足の足だからこそのものです。

足を使わずに、つまり足による床からの反力を使わずに上体を左右に傾けるのだと言われても、まさに神経、筋肉の連携の再構築をし直さない限り、そう願い、思って動いたつもりでも今までの日常的な動き方でしか動けないものです。

左右に身体を傾ける際には、正中線を崩さずに、その中心軸線を左右に倒さなければなりません。そこには当然のことながら順体法を守らなければなりません。しかし、多くの方はご自身で棒や木刀を体正面にあてがい、補助として動く練習をいたしますが、左右に上体を折り、捻じれも出てしまいます。そして、足も遅れるため理論から逸脱します。臀部を含めて上半身には捻じれも腰折れもなく足が同時に動かなければなりません。この時、床から伸びる体軸線は床から離れております。そのことから、足の軽さは身体との同時性を保つことができるのです。

そんなわたくしの足裏には、胼胝などございません。

古伝無足の法

第1図こんなにわたくしの足の小指は短かったのでせうか。第2図〜6図は居ないところにいる、ということになります。第7図〜9図はまさに小天狗様の棒術の術を型で表しております。体を捌く、という意味と真摯に向かい合って初めて楽しむことのできる術技かと存じます。

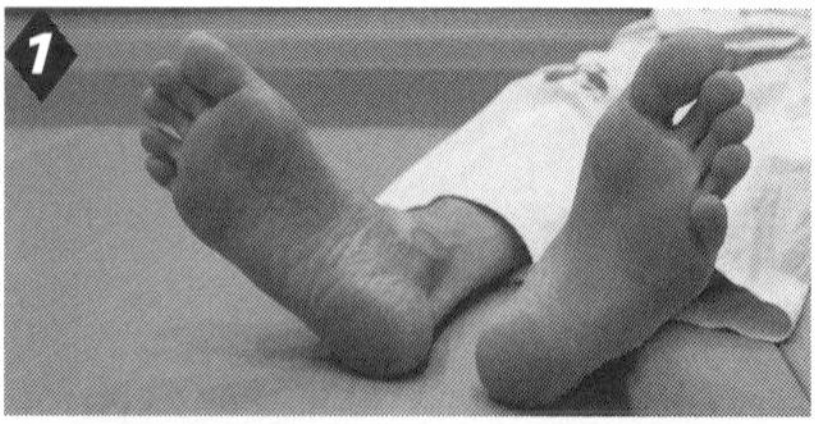

7

8

9

4

問■ 鉄山先生は、以前お稽古を続けているにもかかわらず両足の筋肉が退化したとおっしゃってましたが、若い頃のお稽古で疲れや筋肉痛、疲労なども人一倍だったのでしょうか。

答■ ひと一倍かはわかりませんが、毎日何となく倦怠感はあった記憶があります。

筋肉痛に関しましては、毎日稽古はしておりましたが、遠い記憶なので、あったかどうかはほとんど覚えておりません。ただ右太もも、右前腕が若干左よりも太くなり、左右の腕と足が不均衡になりました。そんな右腕の筋肉の変化に対して、祖父から笑顔で、ようやく人間らしい腕になってきたじゃないか、などと言われてうれしかったことがございました。ま、それまでは貧弱な腕だったということなのでしょう。とは言え、中学生時代に同じ剣道部の友人から、おまえ腕が太くていいなぁ、とうらやましがられたこともあったのですが……。

いや、足のお話でした。サンダル履きで犬の散歩に出たとき、たまたま犬に合わせてさーっと走ったことがございました。その時、身体や足の軽さを感じたことでした。毎日、ひとりで居合や剣術の型を低い腰で繰り返していたのですから、筋肉的にはそれなりに鍛えられていたのでしょうか。

その後、次第に即物的な動きの稽古から、術を見つめた稽古法に変化をしました。その頃から、走る、跳ぶなどという純然たる肉体運動や、とくに筋トレ（腕立て伏せ、腹筋運動）を行うと愕然とするほど動きの速度、竹刀捌きの速度が落ちることに気がつくようになりました。それ以来、長らく筋トレ絶対禁忌を自分に言い聞かせるようになりました。その期間は五十代にまでわたりました。

そして筋トレ廃止はしても、元々は稽古を続けている足ですから弱いはずがないはずなのに、合宿前日の観光などでわずか半日歩いただけで前脛骨筋が痛むようになっておりました。が、合宿稽古中にその痛みは遠のいていきます。

そんなことから、なるほど自分の足は、稽古はよいが日常一般的な運動形態には向かなくなっているということに気が付きました。たしかに、それまでの稽古で両脚の筋肉はそれを物語る形を呈しておりましたが、現在は小柄な女性と比べても同等かやや細く見えるほどになってしまいました。そんな足を文章の表現上、退化という言葉で表現させていただいた次第です。国内外の弟子たちも、昨今はだいぶ見慣れてきたので、こんな足を見ても驚く人は新入生ぐらいとなりました。

このような足を養成する稽古から思わぬことが判明いたしました。合宿の際、夕食後の茶話会のおり、わたくしの臀部について話題となったことがございました。質問者は女性の方でした。彼女曰く、日頃わたくしのお尻がどうも普通の人と違っているので気になっていたとのことでした。人の身体をみるお仕事のせいにしても、袴などの稽古着をとおしての観察で、よくそのようなことに気が付くものだと感心した次第です。

それで、この時をよい機会とばかりに触診させてくれというのです。わたくしも医療に携わっていたのですが、廃業してもう十年以上たちますので、さすがに女性からいきなり触らせてくれとの申し出には内心どきりといたしました。が、どのようなことを調べたいのかに興味もあったので、即座に快諾いたしました。腰、臀部、大腿部等を指先で軽く触れながら、また軽く押圧して何やらを確かめておりました。すると、周囲に集まったみんなからも許可を求めて、手がいくつも伸びてきました。前から、後ろから触診の雨にさらされてしまいました。

触られながらいくつかの質問を受けました。海外の弟子からも、普通に立っているのか、と質問をされました。普通に立っている、という言葉がわたくしには奇妙に感じました。なぜ普通に立っている人間にわざわざそのような質問をするのかと。

彼は、わたくしの両方の尻の筋肉が軽く緊張しているのみで、下腿部の筋群は緩んでいることに驚いたようでした。いや、下腿部どころか臀部の筋肉の緊張のみで立っていることに違和感、疑問を抱いたようでした。わたくしの普通の状態は、みんなとは明らかに異なっていたのです。質問者の彼女は、この違いを日ごろから変だと感じていたのでした。わたくしが両方の尻の筋肉を立った状態で緩めようとすれば、両膝を少し前に出して尻を落とし、下腿部の筋群を使わなければなりませんでした。これは妙な格好となり、たいへん不自然で苦痛な姿勢を取らなければなりません。突然の思いもよらぬご要望をいただいたことから、こんなことが判明いたしました。

……ああ、無足の法、これを如何せん……と、まあそんな大げさにふらなくてもよいのでしょうが、非日常的な動きを日常化するための稽古だ、と申してまいりましたが、動きばかりでなく、非日常的な姿態を日常化するための型稽古でもあったわけでありました。

脚力否定の足とは

第1図は2016年のシカゴ合宿の際、以前プレゼントされたNHLインディアンスのTシャツで昼食に出る時に撮ったものです。第2図から4図は、一文字腰で姿勢を変えることなく（受）に干渉せずに左足を右足に寄せ、右足を右へ踏み出す図です。左足を寄せる時は頭の位置を動かさずに、つまり受にぶつからずに足を捌く練習です。

1

2

3

4

5

問■

跳んだり跳ねたり、柔軟度を要求される運動などはかなりきつく感じます。膝、腰などに負担をかけず、無足や浮身などを楽しみつつ学ぶことは出来ないのでしょうか。

答■

術そのものを楽しみつつ学ぶというのは、わたくしどもの稽古の特徴です。

今申し上げた「術そのもの」という意味は、一般体育的な次元の身体運動を前提としていないということでございます。勿論、術技抜群、運動神経も優れたものをお持ちの方々は、こんなことも出来るという意で壁を駆け上がり、天井を二、三歩走って受身を取って道場に舞いおりるなどということも出来たようですが、そんな技芸と術技の優劣とは直結いたしません。同じ免許の腕であっても天井を走ることの出来ない者もおりました。このような柔術における軽業的なもののはその人個人の楽しみ、趣味としての余芸でございます。

祖父泰治は曾祖父譲りの幻視術なども出来ましたが、その兄の正義は出来ませんでした。しかし、宮本武蔵が使ったという続飯付けを祖父も出来ましたが、正義との稽古では腕と腕の勝負でしかない、そんなものは通じないと申しておりました。ちなみにこの続飯付けという技は呪文を心のうちに唱えて相手の太刀を封じておいて、こちらはおもむろに小手なり面なりを随時に打ち取るという技です。いわゆる瞬間催眠、あるいは気などという概念でくくられる種類のものです。術者ともなればそのような呪文はいちいち唱えずとも、そう思念した瞬間の技として働きます。その間、相手は打たれるまで手足身体が夢中の状態となり、見えていながら打たれて初めて我に返るというものです。身近な人々の逸話からもこんな様子がうかがえます。

わたくしは術技そのもの、つまり身体をいかに働かすべきかという一点にしか興味を持てませんでしたから、相手によって現れる技と現れない技があることを知ってからは、なおさら身体そのものの働きの段階における初伝、中伝、奥伝、極意などという型そのものの動き方にしか興味を持てませんでした。

いまお尋ねのことに関しまして、大変失礼ながら古流武術の観点からは、わたくしにはなんのことかよく理解できませんでした。わたくしにはお尋ねの事項は単なる運動競技のための訓練のような感が致しました。何か誤解があるような気も致しましたので、ひとつずつ古流の武術に伝えられた理論をご説明させていただきます。永らくご愛読のみなさまにはくどいほどの繰り返しになるかと存じますが、なるべく今のわたくしの稽古の段階での言葉遣いでご説明させていただきたいと存じます。

無足の法とは、四心多久間流柔術に伝えられる極意でございます。昔目にした文ですが、すでに絶えた術であると評されていたことがございます。わたくしが幼少の頃より祖父は道場で無足の理論を説明しておりましたので、その文を初めて目にしたときは大変違和感を感じました。その理論とは、身体を倒すという一点にあります。しかも無足とありますように、足を使って倒れる状態を作り出すのではございません。ここに極意としての難しさがございます。足、脚を否定した身体運動によって倒れる動作を作り出さなければならないところに、その極意性があるのです。

そして浮身ですが、これは居合術における極意的身体技法ですが、型の中においては単に座構えから発動した第一動作である、腰を浮かし、半分身体を浮かした状態で、未だ左の膝は地に着いております。しかし、右膝は立つための準備に至らず斜めに寝ております。ここに立って立たずに立ち上がった終了形態に直結する形が要求されております。ここから足腰の筋肉により立ち上がるという一般的動作を使わずに、すなわち立ち上がることなく、立ち上がり終えた形に変化をする身体運動を修練するための形態が、この浮身という動作、形でございます。

今までのご説明で、いささかでもご理解を頂ければ幸甚でございます。文字通り、どこにも体育的な運動は存在しておりません。跳んだり跳ねたりする足腰膝関節に筋力的な負荷を与えるような運動形態はどこにもございません。少なくとも四百年以前より伝えられた浮身、無足の法等の術技には体育運動的な要素は存在していないのです。

垂直の跳躍でどれほど高く跳べようとも、それ自体は武術とは無関係でございます。昔から唱えられておりますように、老若男女を問わず稽古のできるものが武術というものです。しかもお互いが全力を尽くした互角稽古が可能なのです。この謂いを誤解されると困ります。理論集中、力は絶対否定、相手は剣なのだという世界だからこその意でございます。

ご高齢とのことですが、どうぞ年少の方々はもちろん、お若い方々、同年輩の方々とも年齢を問わず互角のお稽古ができますように、真の武術を楽しまれますことを心よりお祈り申し上げます。

同次元の無足と浮身

第1〜3図は柔術における無足の法です。腰が沈むという体捌きで相手を崩しております。第4図以降は居合術における浮身の法を見ることができます。その体捌きにより「離れ」が発動します。鞘口から切っ先が抜け出ただけでは「離れ」とは申せません。

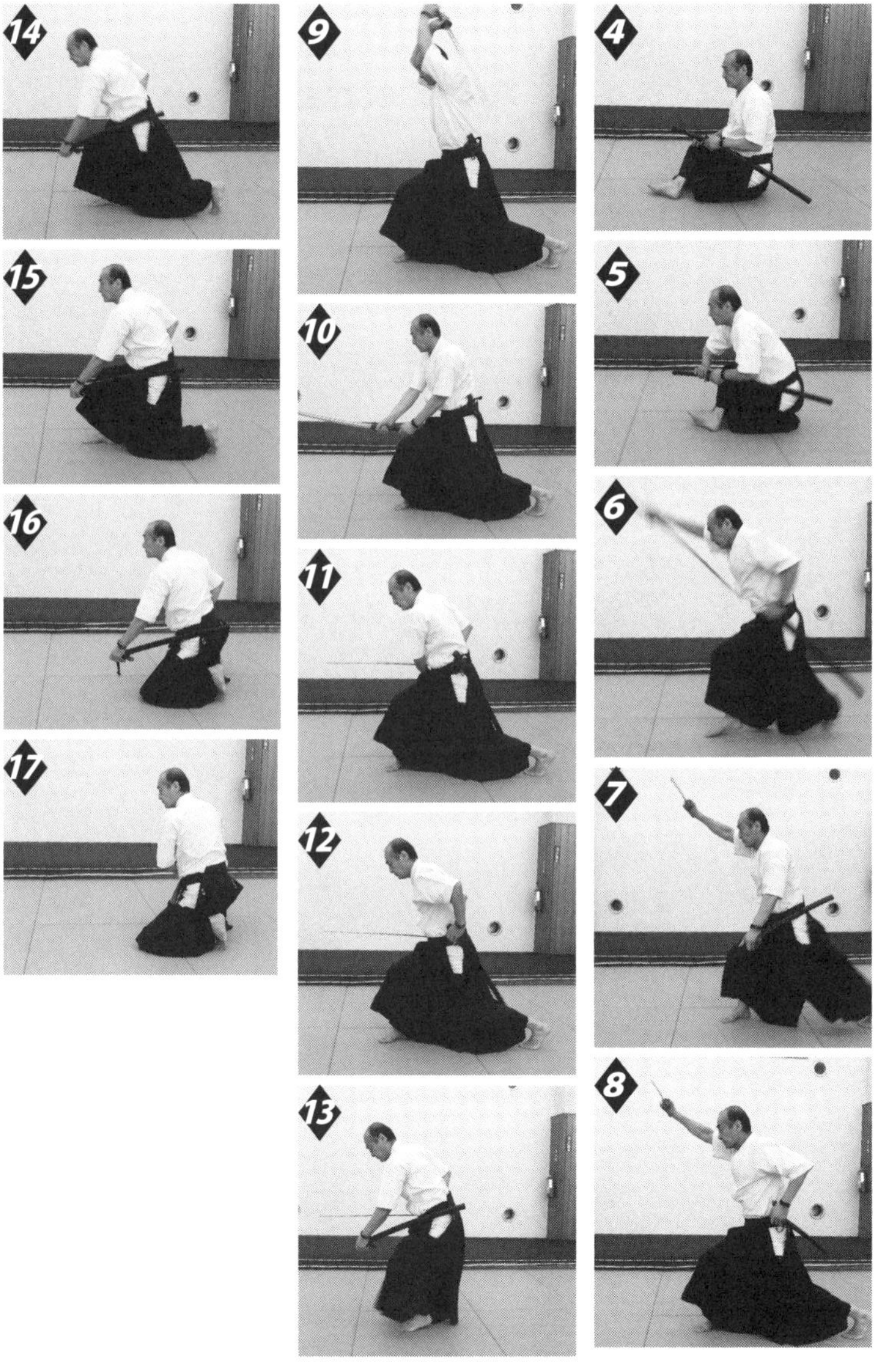
4
5
6
7
8
9
10
11
12
13
14
15
16
17

第6章

指導、伝承の秘訣

1

問■直接、指導を受けたお父様についてのお話しはあまり目にしたことはありません。お父様からはどんな教えを受けたのでしょうか？

答■精神的訓育を受けました。

父から直接指導を受けたのは本当に幼少のころだけで、記憶がありません。並行して祖父から指導を受け、そのまま大人になっても稽古を見てもらったのは祖父ということになります。

父が子供のころは、ガキ大将というのでしょうか、喧嘩はめっぽう強かったようです。悪ガキ連が上のほうで田畑への水を止めたとわかると、父が下駄をはいてそのあたりを一周するのです。すると、その下駄音だけで、また水が流れ出すという具合になっていたようです。〝男の喧嘩はこぶしひとつだ〟という正当な硬派ぶりでした。

そんな父は、終戦後は警視庁に身をおき、のち柔道整復師となりました。わたくしが大きくなるにつれ、父の仕事も忙しくなり、稽古どころではありませんでした。

父からは、実際の稽古よりも精神的訓育を受けました。型稽古というものは、やり返しのきかないことを学んでいるのだ。真剣ならば、間違えたところで死んでいるのだから、もう一度やりなおすなどということはできない。やり返しがきかないということに全力をつくすということから、たとえ自分のしたことが不出来であっても、それに対して言い訳をしない。その結果に対しては全責任を自分で負うということ。刃筋をとおすということから、実社会、実生活において筋を通すということ。お前は侍なのだ、侍のやっていることをやっているのだ、わが腰に差した刀の輝きに負けない人間になるのだ、などなどです。

父は、当初は自転車でしたが、その後長いこと、原付バイクで往診をしておりました。大柄な父がバイクに乗ると、まるでバイクが小さく見え、一目でそれとわかるくらいでした。在のほうへ往診にいったとき、小学生たちが窓から父を認めると、授業そっちのけで〝あ、ヒゲの先生だ！〟と窓へ駆け寄ってしまったそうです。

そんな往診の帰り、まだ大宮駅から東へ伸びる中央通りと名のつく道路がかまぼこ型で舗装の悪い道だったころ、路肩でスリップした父は受身を取って難を逃れたことがありました。着てい

1984年7月　接骨師会の大宮支部旅行（山形にて）父64歳。

た衣服の肩甲背部が擦り切れておりました。

また、農道を走行中、知り合いの患者さんにあい、お互いに頭を下げたところ、父は目をそらしたため農道の下へ転落してしまいました。頭を上げた農家の方は、いきなり父が消えたのでびっくりしたそうです。幸い怪我はありませんでした。

また、前に止まっていたトラックにぶつかったことがありました。トラックから元気なお兄さんがぱっと降りてきて、後ろまで来たところ、バイクにまたがる黒いサングラスに髭の大きな体格の父をみて、そのまま黙ってまたトラックに乗り込んでいったそうです。父に聞けば、「俺が悪い」とのこと。

祖父に連れられて水戸の東武館へ出稽古にいったとき、黒田泰治が息子を連れてきたと知ると、近隣に在住する錬士教士連中が瞬時に集合してしまいました。

稽古がはじまると、彼ら自身は何度も休みを取り交代しながら父をつぶしにかかりました。はじめは父も普通に自分から打ち突き、応じ返しなどしておりましたが、見ると今稽古を終えた人が一汗ぬぐうとまた面をつけ並んでおります。つぶしに来ているとわかってからは受に徹して要所を攻め、受け応じ、受け流し、最後まで立ちきってしまいました。

戸板に乗せて帰すことの出来なかった小沢武館長は、歯噛みをしてくやしがっていたとのことでした。まだ昔の稽古の遺風を残す稽古風景でした。このころ大食の父でしたが、上野駅でうどんを一杯食べさせられただけで、終わってからもまたうどん一杯の一日でした。

ほねつぎ稼業の忙しくなった父は業界では県の接骨師会の会長を十年つとめさせていただき、労働大臣表彰と厚生大臣表彰の二つをいただきました。己に冷厳峻烈、人には公正無私を座右の銘にして会のために尽力いたしました。死去に際し、従六位勲五等瑞宝章の栄誉を受けました。

太刀を構えたときの左手首の形がどうしても祖父のようにならなくて早々に居合を断念したとのことでしたが、細身のわたくしとは違い手首の骨の太さは祖父と同じようでしたから、続けていれば……

2

問■しごきやイジメによる自殺、子供が指導者の辛辣な言葉等でうつ病になるといった現象が起きることもあります。先生のお考えになる厳しさとはいかなるものでしょうか。

答■私には厳しい稽古の概念はありません。術を得るための稽古はただ楽しいものです。

ほんとうに耳にするのも辛く、いやな事件、事象ですね。

いつものことで、これはわたくしの極端な意見かもしれませんが、すべては国の教育問題に帰結するのではないでしょうか。お国が教育や社会保障を削減するほど経済状況が悪い状態では、立派な人間、美しい国など保てるわけがありません。夏の時期には、子供をつれて、缶ビール片手に、花火を上げてはいけないような場所、時間帯に人の迷惑を顧みない一般大衆が増えております。幼児のうちにこそ、厳しい躾が必要ですが、先生と生徒はお友達、親子はお友達感覚で育てられた人間には、自身の子弟を躾けるなどということは不可能事でしょう。そんな環境から、将来の日本を背負って立つようなほんとうに立派な人間が生まれるわけがありません。

一所懸命になればなるほど、相手の方を傷つけてしまうという悪循環を断ち切るには、やはり人を育てる教育が何よりも大事なのではないでしょうか。

ちまたにあふれるカタカナ言葉（外来語）で、意味曖昧なまま外来語をまぜた言葉で考え、話し合えば、ますます意味不明になると識者は危惧しております。以前、新聞にこんなことが載っておりました。読まれた方もおられることでしょう。「このたびのライブラリーのリニューアルについては、コミュニティーとのパートナーシップを重視しよう。……こんどの図書館の改装については、地域との協力関係を大切にしようというごく当たり前の意見に外来語をふんだんにまぶして使った。……ところが国立国語研究所編の『外来語言い換え手引き』によれば、ライブラリーには図書館のほかに収蔵館や閲覧所という意味もあり、……そうなると右の外来語たっぷりの発言は、こんどの収蔵館についてはすべてを一新して、地域共同体との共同経営にしようという意味に解されるおそれがある。……」という、読んでいてまことにわが母国語の危機感せまる今日の状況を痛切に感じさせられました。

このようなことはいっけん剣道やそのほかの競技などの指導とは関係のないことのようです

が、多かれ少なかれ、そのような言葉の中で生活をし、教育を受けてきた戦後のひとびとによって社会が動いているということはまぎれもありません。いま、日本人が、自分の生まれ育った母国をさして、多くの人が、「この国」という言い方に違和感をいだかないようです。このようにあらゆる面で日本人が、かつて欧米人が賛辞をおしまなかった国民性を有する日本人ではなくなりました。まるで無国籍料理のようです。

いま、わたくしは箸、茶碗の持ち方から道場で指導をしております。昔の常識が稽古をするための出発点とならざるを得ない状況となっております。かつての常識と言われる程度の見識が、指導的立場の方たちにあれば、何の問題もないことだと思います。人に剣道を教える場合、良い師匠ほど「何も教えない」と昔から言われておりますが、昔、行われていた事がなぜ現代で行われないのか、行えないのかは、先のとおり、すべての日本人が変わってしまっているからです。伝統文化としての剣の道をともに歩むのではなく、単なるスポーツ競技として是が非でも勝たねばならぬという状況にある方々に、とくにこのような問題はつきもののように見受けられます。

昔、祖父が子供のころ、富山の道場の便所には荒縄で短い棒がちょうど額の当たりにぶらさがっていて、邪魔な思いをしたそうです。ところが、次第に稽古が進んでくると、その意味が理解できました。一度、腰を下ろしてしまうと、手助けがないと足腰を上げることができないくらいに筋肉が疲労してしまったのです。こういうときのためにこの棒が吊るしてあったのかとそのとき初めて得心したそうです。また、夕食時には、箸がもてなくて、握り飯にしてもらって、手のひらの上にのせて食べたりもしたそうです。肉体的にそんなに疲れるほど稽古をさせられても、強制的な課題やしごきなどということはいっさいないのです。稽古相手の弟子の数がふえ、難しい稽古を低い腰で敏速に動き続けたりした結果、便所に入って、さあ立ち上がろうとしたら、自力では立てないほど筋肉が参っていたというに過ぎないのです。

いま、わたくしには厳しい稽古という概念がありません。術を得るための稽古というものは、ただただ楽しいばかりなのです。心が愉しんでおりますから、肉体的に辛い形をとって行う型稽古もなんとも思いません。よく力の絶対的否定という主題を誤解される方がおります。技というものが力という概念の上では成り立たないから、それを否定しているだけで、稽古を続ければ体の筋肉は発達をしてまいります。絶対に力を使ってはいけないという「厳しい教え」にしたがって、豊富な稽古量をかさねた祖父たちの身体は、鋼のごとき手足、身体を作り上げました。太い腕、太い指を柔らかくしなやかに動かしながら、型の形をしめしてくれた祖父の口からは、「絶対に力を使ってはいかん、力を使ったら、それこそこっちがひどい目に合う」という言葉しか出てまいりませんでした。

沈身煉丹

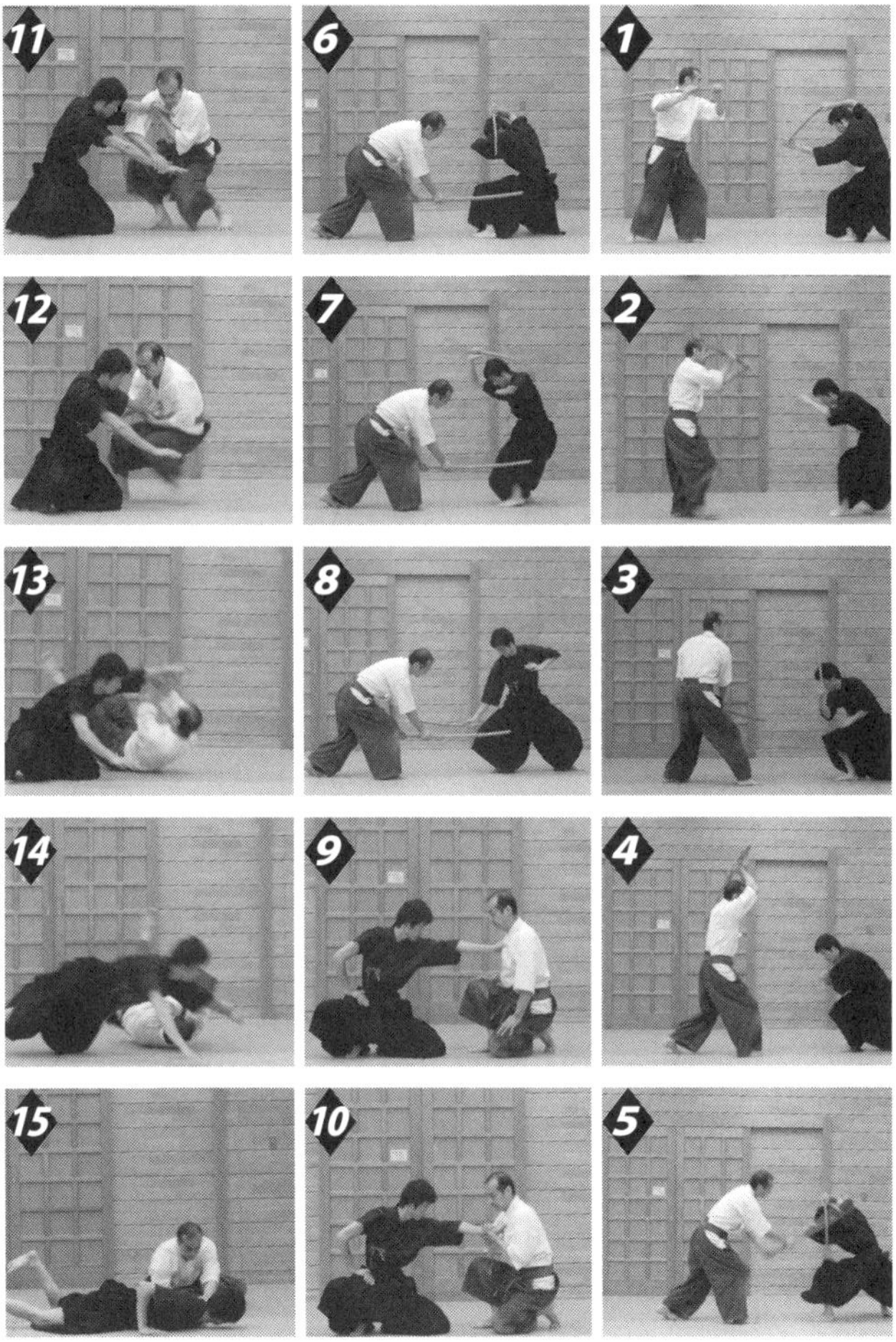

祖父の剣術教書には、素早く、俊敏に、敏速に、間髪を入れぬ早業で、ほとんど同時に、腰構えを堅固に、体と腰の動作を敏捷に、動作から次の動作に移る時はもっとも敏捷にすべき、などという言葉が多く見受けられます。そして、この両図のような型稽古のときは、その掟にしたがい、くれぐれも研修と鍛錬を重ね、体が敏捷に動くように心がけなければなりません

3

問■先生は時折、「古い先輩」の方々について書かれておりますが、泰治先生の指導されたその古い方達の稽古と、現在の振武館の稽古とに違いはあるのでしょうか。

答■大いにあります。しかし、その意味においてはまったく変わっておりません。

大いにあると思います。いえ、型はまったくどれを取っても同じものです。そして、上手下手も同様にそこにはあります。その意味では、まったく変わってはおりません。大きな違いは、現在、振武館に通っている方達には、型の意味、意義、術という概念を知り、何を学べばよいのかが明確に理解されているということと、一つひとつの型稽古のしかたにあります。往時のような時代背景もあって、武術だから人より強くなければならない、などということが現在は基本にはありません。昔の侍の学んだ武術の真髄を、時間をかけてゆっくりと学ぶことができるのです。眼前の暴力に対して対処する、あるいは、できる技術を速成しようというものではありません。

祖父の時代は、武術という一般概念そのままが生きておりました。祖父自身も「ただ剣術は青柳のごとくにして、見掛けは弱く、心は強けれ」などという術歌を引用して、武の本質を説いておりましたが、明治の人間の骨の太さを持った、まことに古武士のような人でした。筋違いの事に関しては、警察署長の頭をすら拳骨で殴って叱咤するほどの覇気を持った人でしたから、一般の弟子たちの目には、種々の面で「強い人」と映ったことでしょう。当時の弟子達は、よい意味で固い型稽古をしておりました。まず、間違いのないようにひと動作ひと動作を鋳型のように、めりはりをつけて学んだのです。そこには力みもありますが、そのうえで祖父の指導の言葉がとびます。腰を落とせ、大きく動け、気合をかけろ、絶対に力を使うな、などです。けっして、速く動けなどとは言いませんし、現在のように、柔らかく動くということを強調もいたしません。耳から入るその指示にみんな一生懸命に従い、稽古に励んだのですが、一握りの人たちだけが上位の位を手に入れたのでした。型と防具を着けた打ち合いの稽古しかそこにはなく、適宜、指導の言葉が付随した稽古体系ですから、その真意を汲み取る事など多くの弟子たちには不可能です。もっともその多くは、黒田道場は型も稽古をする剣道の道場だと思っておりました。時代によっては剣術も柔術も型はあまり稽古せず、打ち合いのほうに力を容れている方もおります。みんなそれぞれ一生懸命に稽古に励んだのですが、稽古量の問題ばかりではなく、まったく別の次元に行けた方達はごく少数でした。

　古い先輩が大宮駅頭で警察官に尋問され、派出所へ連行されそうになり、その警察官の手を振りほどき、また、捉えられ、また振りほどきしているうちに、警察官二人が、四人、六人、最後は七、八人となる捕り物になってしまったのですが、当の本人は「よせよ、よせよ、俺はなにもしていないよ」とえんえんと彼らの逮捕術を振りほどき続けたといういきさつは以前にもお話ししたかと思いますが、そんな柔術の型はひとつもありません。で、どうやるとそんなことができるのかと問えば、いやぁ、型で人を投げるには口では言えないちょっとしたこつがあるのだ、それが難しいのだ、というような曖昧な返事しかかえってきません。いま自分の学んでいるこの同じ型で、どうしたらそのような「術」を身につけることができるのか、まさにそこが心の底から知りたいところではありませんか。口では伝えられないコツがあって、それは見つけられる者にしか体得し得ない、というのがかつての修行でした。これでは、わたくしのような運動能力の低い者は、祖父の下にいくら身近にそんな方がいても手も足もでません。固い型を動くばかりで、そんな武勇伝を憧れはしても、自分もできるようになりたいなどとははなから思いもしませんでした。

　術がコツとは、これ如何に。力んだ相手を崩すことができるのは、その柔術の持っている理論なのです。術とは、理論ではありませんか。だからこそ、剣術と言い、柔術と言い、その理論を型というかたちで伝えております。その術をこつなどというまるで手掛かりの見えない曖昧模糊としたものではなく、明々白々な理論として伝えているのが、現在の振武舘の特徴です。祖父が「絶対に力を使ってはいけない」と言った指示が成り立つ稽古をしております。わたくしが子供のころ、いや大人になった当時でさえ、力の否定は耳に焼きついておりましたが、現在のような柔らかな稽古は、皆無、絶無でした。今から見れば、力を抜いて稽古をしていると思っていただけで、まったく比較にならないほど力んだ稽古でした。かつて剣術の型でも、同じことを祖父のような武人から手ほどきを受けていながら、なんでこんな形になるのだろうと思うほど、異なった形しかつくれない人も大勢おりました。それが普通の人々なのです。黙って型を教えていれば、形骸だけが伝わり、型の真髄は混沌といたします。しかし、伝統文化の真髄を伝えようとすれば、ぎゃくに、それが本来の道なのかもしれません……。だれもが、名人、達人になれるなどというのは妄想です。しかし、型という理論があれば、普通の人間のではなく、その名人、達人の道をたどることはできます。

順体法

受は力んで胸に両腕を交叉させています。その腕を開こうとすると普通の筋肉の動きしかできません。順体がかなえば、胸の筋肉は緊張いたしません。また相手を下へ押し崩す場合も、上腕三頭筋の緊張はおこらず、直接腰を崩します。一般人とは異なる筋肉の働きこそが術そのものとなります。

1
2
3
4
5

4

問■海外のお弟子さんたちはみなさん大柄で一見して力も相当あるように見受けられます。先生はそのような方達に「力の絶対的否定」をどのように指導されているのでしょうか。

答■型の真髄を学ぶため、まったく日本と同じことを稽古しています。

昔、初めての海外合宿をフランスで行ったとき、ひとりの生徒から稽古後の団欒に質問を受けました。「今後のことも含めて、ワレワレ海外の弟子にも日本の弟子と同じことを指導してもらえるのか」と。言外に外国人には同じことを指導してもらえないのではないか、日本人に対してのものとは異なる、差別化された、内容の薄いことしか教えてもらえないのではないかという不安を匂わせておりました。その質問に対して、わたくしは、まったく同じこと、いま日本で稽古している内容そのままを本日稽古した旨を答えました。だれもいきなり動くことのできない型の難しさ、すなわち型の真髄を学んでいただきたいと伝えたのでした。

その後、九八年から、思いもよらず米国はテキサスに呼ばれることとなりました。たしかに、おっしゃるとおり欧州の方々とは異なり、みな大きい人々ばかりでした。街中で見かける人々は、身長はわたくしと同じ程度かやや低い人も小柄な方もいることはいますが、胸、胴廻りが太く厚いので、大きいことに変わりはありません。その腹周りの大きさにより、柔術では後受身がどなたもできませんでした。彼らは〝何でも大きければ偉い、大きいのが一番〟というテキサス人でした。わたくしなどにはMサイズでも多量でしたが、その上のLサイズのさらに上をいくテキサス・サイズを常食としています。〝そのテキサス・フードがお腹いっぱいつまっているから〟と太鼓腹を撫でながら笑っておりましたが、大人で後受身ができないとは、少なからず愕いたものです。そんな〝でかい〟人たちに、昼食後のひと休みの時間、「腕相撲をしよう」と持ちかけると〝その体で何を言い出すんだ〟とばかりに破顔する人や、中には驚きを表す人さまざまでした。

これは先ほど稽古したのと同様に理論であるとお断りした上で、とにかく「あなたの力を充分に使ってくれ」と頼みました。太い腕を突き出されたまま、わたくしの力を試すかのように何もされなかったら、何も起こりません。また、とにかく負けないように、力を逃がしながら耐え続ける腕相撲もだめです。満身の力をこめて、わたくしを一気に倒そうとするかのように力を使ってもらうのが一番よいのです。あなたがたが十二分に力を使ってくれさえすれば、理論的な動きとしてこのような遊びでもそれを証明することができます、ということで大きな方達を相手に腕相撲をはじめました。すなわち、先ほどの稽古とは、力の抜き比べです。

ご理解のとおり、文字通りただ一般的な概念で力を抜いたら、相手の力に負けてしまいます。一般によく言われる脱力ではありません。順体、等速度、無足の法などに則った動きによって、否定された力の運用によって、はじめて発現される武術的運動です。自分の発した動きによる力が相手にぶつからず、相手の力はそのまま自分にぶつかりもどる動き方を剣の操法としての基本としております。体術、格闘技そのものとして我々は柔術を稽古しておりません。そういう面での稽古もしようと思えばいくらでもできるのでしょうが、そうなると剣術、居合術、柔術とそれぞれ別種の三科として学ばなければなりません。人生は短く、そんな時間は我々にはありません。ひとつのこと、ひとつの理論として集中して学び、行ける限りの武術の深奥に近づきたいのです。

ひとしきりみんなと腕相撲で遊び、テキサス・フード満タンのお腹も落ち着き、午後の稽古を開始したとき、ひとりの弟子から質問を受けました。彼の職業は警察官です。「センセイは、力の絶対否定を指導されるが、わたくしは毎日こういう危険な仕事を続けております。このような場合、合理的な方法で力を使わなければ容疑者の確保、犯人の逮捕はおぼつかない」と言って手錠の拘束を逃れようと両腕を胸にしまい込み、地面に腹ばいになる犯人の形を取りました。「この場合の腕をどうやって、後へまわしたらよいのか、どうすれば力んでいやがるその腕に、手錠をかけることができるのか」と言うのです。しかも現場では、彼らのやり方で片腕を抜き出そうとすると、犯人はもう片方の手でナイフを咄嗟に突き出して、逃れようとすると言うのでした……。

それでも「力を使わないほうが、より効果的に相手を制御できるのではないか。その理論的身体をこうして道場という安全な場で、そのような危険なことを繰り返し修練できるのではないか」と答えました。そこで、実技を示したところ、彼は職業柄、その動きを熱心に、すごい顔をして稽古しておりました。その後、彼はときおり逮捕術に関しての質問をするようになりました。立ったままで腕を後ろ手に確保した場合、逃げられるかどうかというものでした。三段階の固め技を試みましたが、わたくしは力の否定によりすべてはずせることを示しました。力を容れて固めようとしていた彼は、逆に自分が攻められるので、呆れて苦笑いをしておりました。

螺旋の動き

相手の力にぶつからぬように、等速度で螺旋に操作しますが、その螺旋運動こそが、どう動けばよいのかという最大の難関となります。いずれの動作も等速度であらゆる筋肉が同時にひと調子に働かねばなりません。動かせぬ腕を動かせたときが術の獲得をしめします。

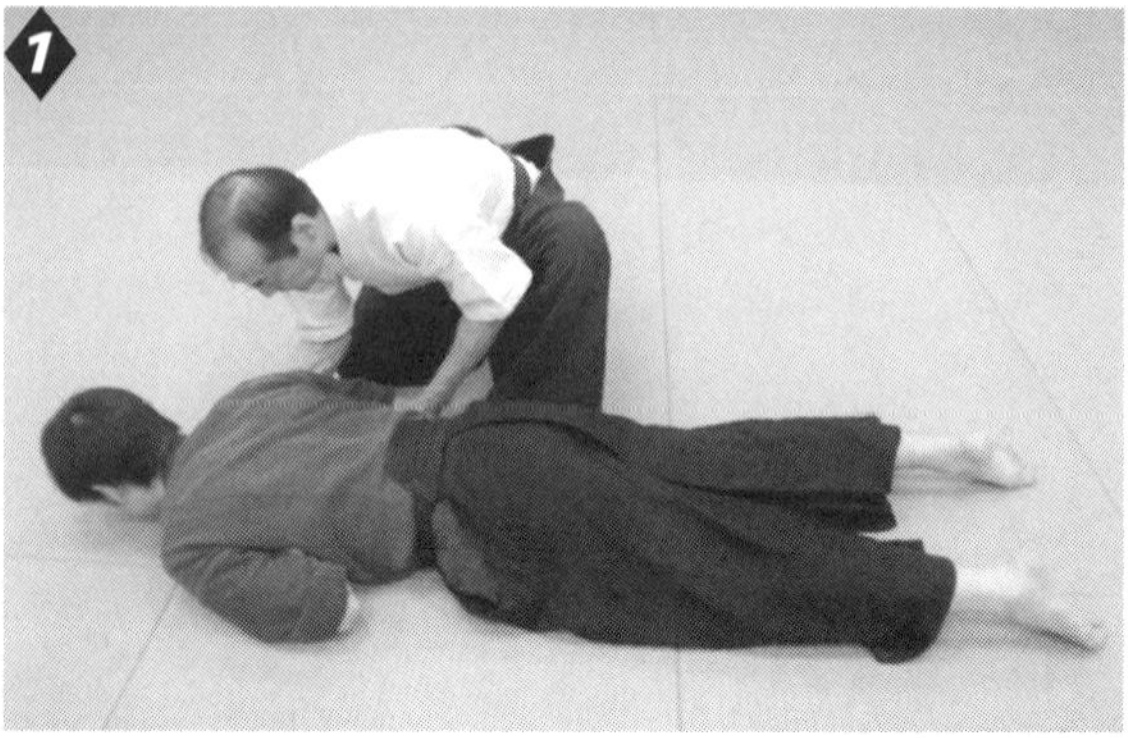

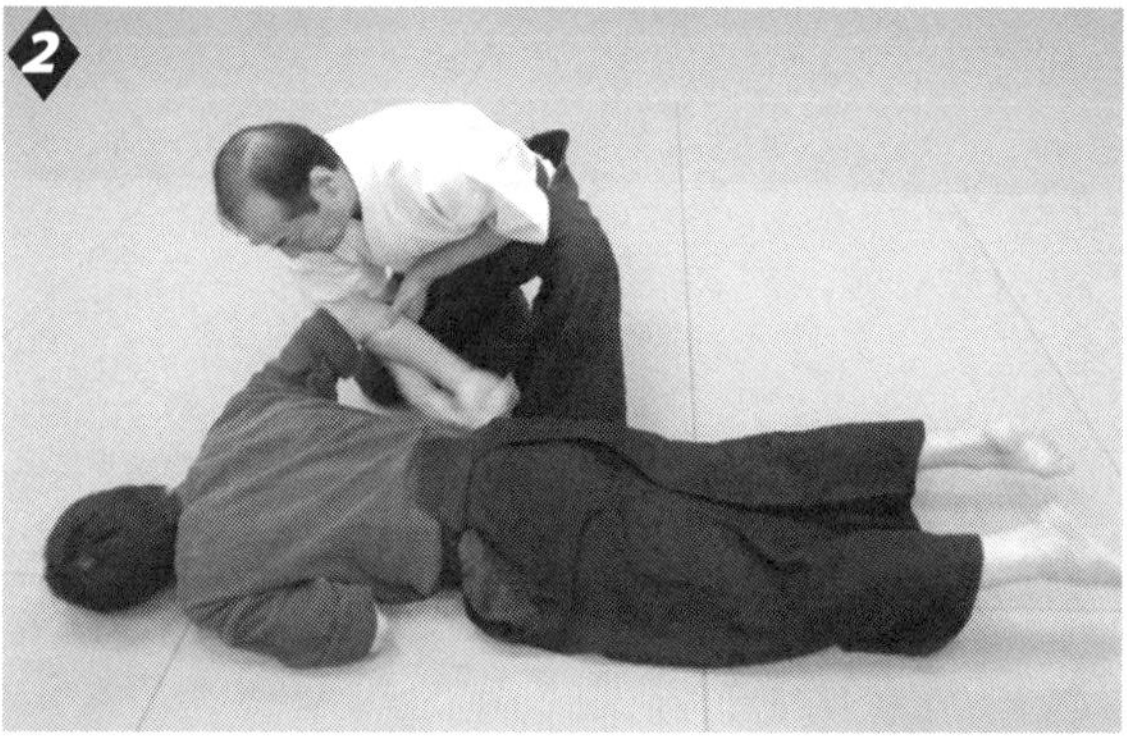

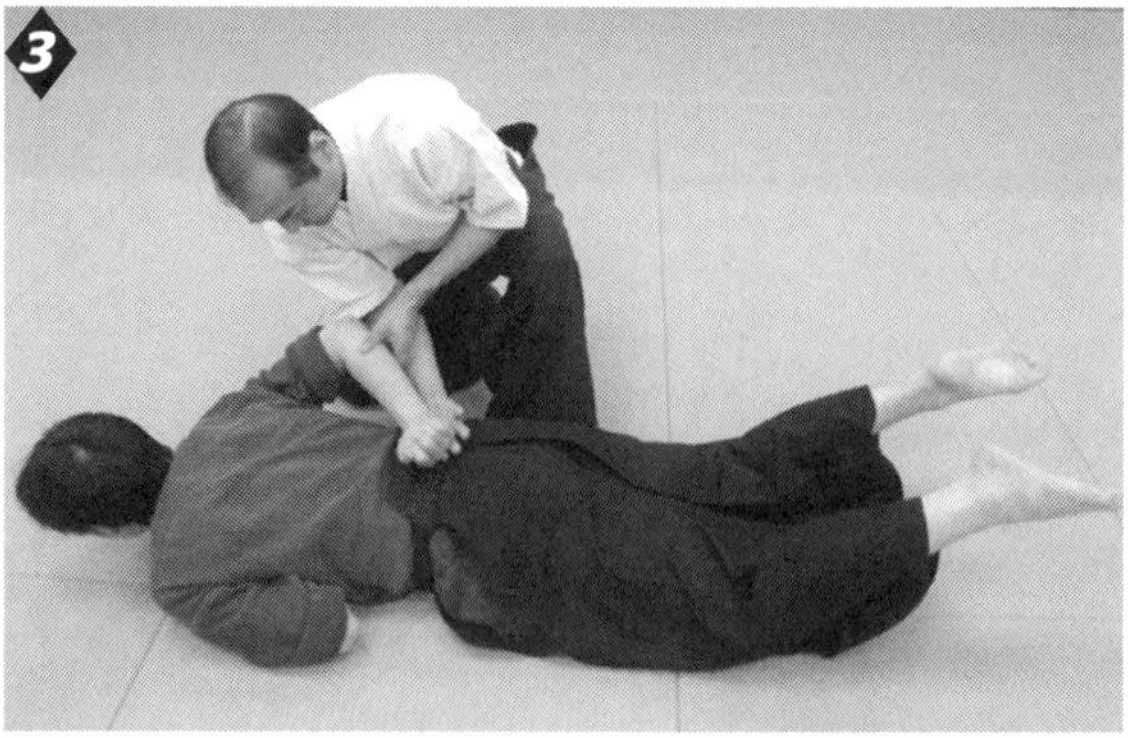

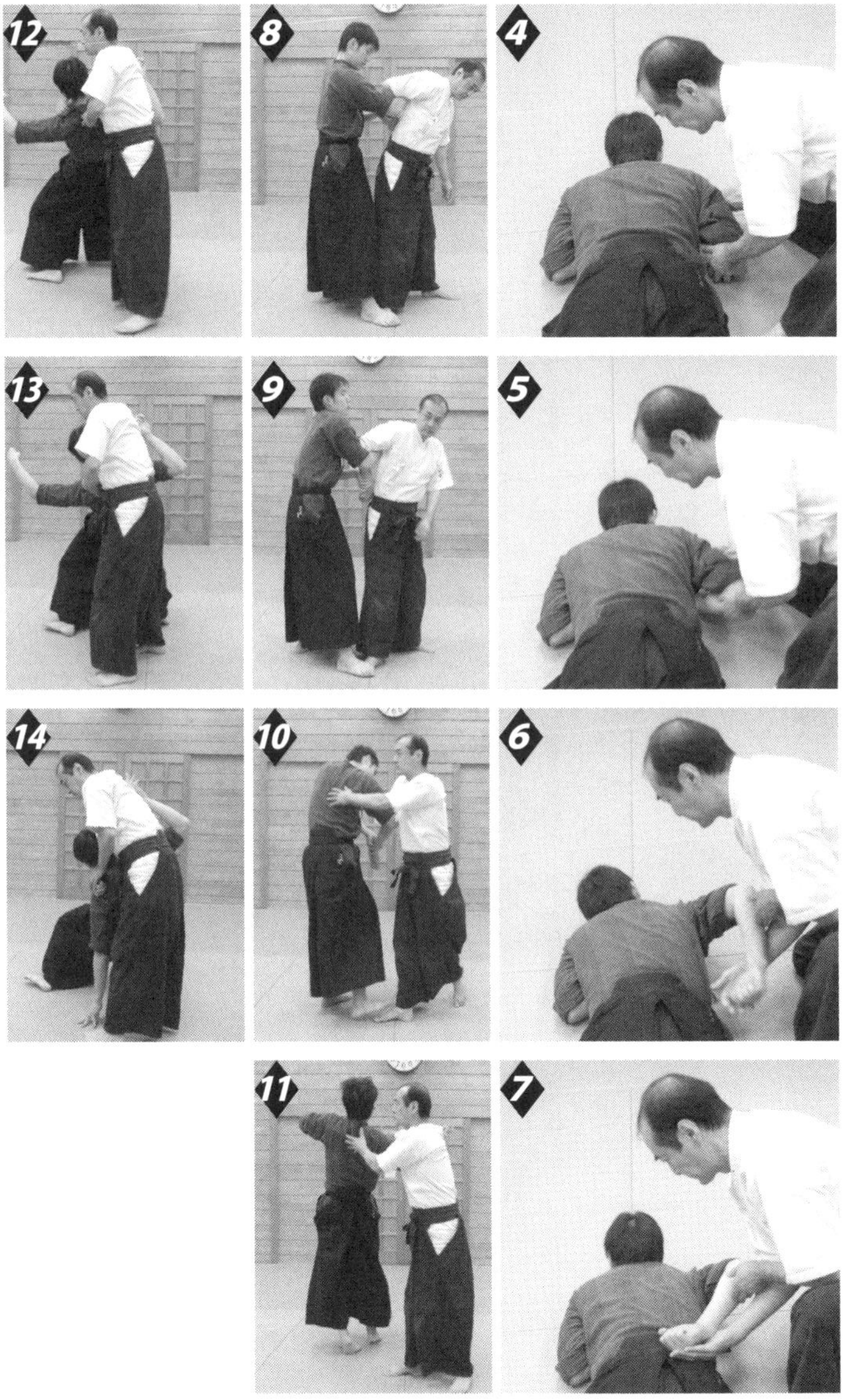
4
5
6
7
8
9
10
11
12
13
14

5

問■振武舘のお稽古はたいへん難しく、上達しづらいとの情報もありますが、黒田先生はその点についてのご指導をどのようにお考えでしょうか。

答■誰もが稽古量に応じて、身体の変化を続けております。

祖父の時代、まだ竹刀剣道も並行して指導しておりました。個々の特長を生かした指導により、全国大会へ多数送り出しておりました。また現在も剣道の指導を中心にしている祖父の弟子の道場には、その市内の中学校の剣道部の生徒がみな通ってきており、その後も高校、大学などで活躍しております。

なにごとにも難しいという壁は存在しております。その中で、何を目的に稽古、修行するかが問題なのではないでしょうか。

現在の振武舘で竹刀稽古をやめてしまったのは、わたくしの判断からです。その意味は何度か述べさせていただいておりますが、ご質問ですので、現在の状況と併せてお話をさせていただきます。

簡潔に申し上げれば、竹刀剣道で悩んでいたことがすべて型によって解決されていたということに気がついたことが原因です。そして、その型そのものは理論であるということが明確になり、さらにこの忙しい現代では限定された稽古時間のなかだけでは竹刀稽古にさくだけの時間的余裕も見いだせなくなったためです。

そして、型を稽古することにより身体の理論化を目指すことになったのです。理論を直接勉強するのですから、それはいっけん容易にみえますが、そうではありませんでした。

思えば、往古の武術の修行はもっぱら型の稽古に専念したものでした。それが時代とともに竹刀剣道に移り、やがて試合制度の普及とともに、内藤高治先生の危惧されたとおり剣の修行そのものから大きく乖離してしまったという歴史はご存じのとおりです。

古流ですから、当然と言えば当然のことですが、現代の振武舘では型稽古ほんらいの姿に戻ったとも言えるでしょう。型は理論であるとの謂から、それは虚構の世界であるとも言えると思います。しかしそれは現実とは異なる虚構の世界だからこそ、人の速さを超え、消える動き、消える身体、不動即最速などの侍の世界を現実の問題として学ぶことができ、肌でじかに感ずることが可能となるのです。かつて陸軍の菱刈大将が大宮の道場へ来られたとき、何もおもてなしすることもできないので祖父は兄の正義師と太刀の型六本をお見せしました。そのおり、お付きの武官が型稽古の真剣味に卒倒したというお話は以前にもいたしましたが、型という、手順すら決められている虚構を通して、木刀でありながら実際の真剣の立合と同等あるいはそれ以上の迫真の姿を現すことができたのです。

ある数学者のかたがわたくしどもの稽古風景からふとこんな一筋の光明を得たそうです。数学の世界にも極意というものがあって、すでに十六世紀に成っているというのです。そして、その極意を、数学を専門に研究、学習している方々に説明し始めると、とたんに誰も着いてこられなくなるとのことでした。以心伝心、拈華微笑、まさに理屈では伝えられない世界のようです。いや、武術の極意などもまったく同じように思われております。

とはいえ、流儀の型に奥伝とか極意と称する型として伝えられているものは、けっしてそのようなものではありません。そんな型の体系の世界を、当時のわたくしも昔から伝えられたままに、子供大人に関係なく同様の方法で、この難しい事を指導しておりました。そこから、この数学の極意へ到達する道筋を何かの形にして指導することはできないだろうかと、日本の古伝の型稽古法に触発され、有志の方々とともに研究を開始したというのでした。

難しいけれどその難しさがあるからこそ、そこに山があるから登るというのと同じように、みなさん孜々として稽古にいそしみ、稽古日を楽しみにして通ってきております。五年、十年、十五年、二十年と通ってきている方々は、その年数に応じて、たしかに一般の人とは明らかに異なる術技的な動きを身につけております。だれもできない、という言い方をわたくしはよく申しますが、それは剣の絶対性という観点から申し上げている言葉であって、相対的な剣の立場からすれば、それぞれに上中下、上手下手があり、多士済々であります。何年稽古をしてもさっぱり上達しない、などという武術があるとすれば見てみたいものです。いやそれこそが我が武術でありながら、現に多数いる弟子の中でわたくしを崩すことのできる弟子が生まれたのを見てみれば、幼児の頃から稽古を続けてきた息子であったというだけにすぎません。わたくしも稽古を続けております。合宿も合わせれば弟子の誰よりも稽古量は多くなるのは当然です。いっしょに稽古を続け、合宿に参加を続けている弟子は、その稽古量に応じて身体の変化を続けております。それを証明するものは本人の中にこそ存在しております。

順体法による無足をかけた崩し

第1～2図は固めたつもりで、順体が微妙に崩れているため、不成功に終わっております。第3図～6図は、受に触れる前から完全なる順体を構成することができたため、触れる寸前に受の腰構えが崩される速さを発揮しております。最も手に軽い崩しです。

3
4
5
6

第7章

極意の在処

1

問■一対多に対する心得や技術など、先生の御流儀に伝わる教えや口伝、極意などがありますか。

答■口伝を得る過程が大事なのです。

多敵の位というのは、極意とか秘伝とかに属するものですが、それらは、初心の内から、教えられていること以外の何ものでもありません。

稽古の段階がいたって、いきなり初めてそんなものを教えられるものではありません。初めからの積み重ねによって、その位に自然にいたるものです。口伝などというものは、その付けたしにすぎません。つけたしと言うとたいへん語弊がありますが、口伝そのものが大事なのではなく、その口伝をいただくことができるようになるまでの過程こそが大事なのです。

多敵に対する技術はこうで、一対一のときはこれだなどというものではありません。それこそ形骸化というものではありませんか。

2

問■「浮身」というのはどのような状態や形をさすのでしょうか。また、そのとき柄に手を懸ける際は、どのようになさっているのでしょうか。

答■座構えから腰を浮かし太刀を抜かんとした状態です。ただ、それだけではありません。

正座から立ち上がるということは、どなたにでも簡単にできるものではありません。どなたがおこなっても簡単にできる動作は術には結びつきません。初めはどなたがやってもそのようにしかならないふつうの動き方ではない、似て非なる動作を型では求められているのです。

この浮身という術技は、本来は座構えから腰を浮かし、いざ太刀を抜かんとする半分腰を浮かした状態を指します。しかし、一般的にはその半立ちの状態のかっこうを浮身と誤解し、形だけをつくろいます。そして、棒立ちのような上半身を良い姿勢であるとします。たしかに自然体の直立姿勢ならば良いのですが、大半は反り胸の死に体となります。目前に太刀を構える相手に対しては対応不能に居着いているからです。そうかと言って、体を低く落とし延べ、卑屈にさえ見えるほどの入身（と呼べるかどうかは疑問ですが）を取りさえすれば良いのかと言えば、それも不可です。

型というのは、万刀が一刀に収斂した理論ですから、その場その場に対応した実戦的な、泥臭いと申しましょうか、現実的で非緻密的な動きや形ではいけません。もっとも抽象化された、非日常的な動き方が型でなければなりません。しかし、どのようにご説明しても、同じ人間の動きですから外見は立ったり座ったりは同じように見えるものです。その本質を少しでも嗅ぎわけ、見分けることのできる方にしてはじめてその方にとっての浮身という動きの差異や難しさが理解されるものです。

先月、短期合宿ならびに演武会のためにパリへ行って参りました。合宿で、この正座からの立ち上がり方と浮身を稽古いたしました。まず、正座からの立ち上がりに際しては、どなたも両膝を立ててから右あるいは左足を前へ出そうといたします。それでは田宮伝にあるように煙が立ち上るがごとくに立ち上がることはできません。起こりが滞りますから、動き頭が虚となります。ひと調子と気軽に言われては困るところです。口ではひとつと言いながら、その動きはふたつあるいは三つにも四つにもなっております。その駄目な動きをいくら滑らかに連続させてみてもけっしてひと調子とは申しません。足そのものがいきなり動いて前へ等速度で進み出て、はじめてその動きをひと調子と申します。いきなり、初めから足が出始める、と言われた彼らは動けなくなりました。彼らの日常の動きでは、どうしても両膝を浮かし、尻をあげてからでなければ足は動き始めません。そのような非日常的な動きを型は要求するのです。それほど難しいことを要求しているのが型ですから、動けば形骸と化します。我流の動きがその動き全体を色濃く染めます。型が生き返るのは我を捨てて素直に、そして真摯に型に向き合った時だけです。

ついで、座構えからの浮身そのものの稽古に移りました。政府などの要人警護を職業とする弟子が、わたくしの説明しながらの動きを見たとき〝背筋に鳥肌がたった〟とのことでした。すなわち、前に立てる右足は斜めに傾いたまま腰が半分浮き上がりますが、まだ立ってはおりません。その前足が立ちあがれる状態になったときは、立ち上がるためではなくもうすでに立ち終わったときなのです。しかも、その動作のときは同時に左足も後へ引かれて、居合腰に変化を終わります。立とうとする気配は消えます。当然のことでしょう。立とうとしていないのですから。一般の方が立とうとする運動とは明らかにその筋肉群の使い方が異なっております。浮身を、わたくしはいわゆる実戦で使おうなどと思ったことは一度もありません。もともと用心棒出の彼は、危険な体験を多くしてきたせいか他の弟子たちが見る目とは異なる観点から何事かを見たのでしょう。

膝が斜め、とか膝を立ててから立たないなどと聞くと筋力でそのような無理な形を保とうとする方もおります。これもまた形骸化にほかなりません。動きの質が変わらずに形態だけを真似てみても何の働きも生まれません。膝を壊すだけです。さきほどの正座からのひと調子の立ち上がりのときも無理に足を引き抜いて足の甲をこすってしまう人もおりました。これも膝に負担がかかります。

当たり前の日常動作の中に隙がない、などと言われるからには、隙がうまれないような非日常的な働き方を持つ動作でその日常を生活しているということでしょう。隙のないように心を配るということも必要ですが、それでは神経が磨り減ってしまいます。何事もなく柔和静謐に生活しているだけで、ことさら隙があるとかないとかにこだわらずにいて、隙がないというのが好ましいあり方ではないでしょうか。いかにも我武術家であるというような言動、振る舞いを固く禁ずなどと昔から言われております。

柄手も、ひと調子に柄に手を添えます。これ至難の業といえます。すべての動作に受をつけて、当たりが出るかでないかを吟味されるとまったく動くことができないのが普通の身体です。

さむらいの正しい動きを止めることは、できません。

浮身

浮身の動作は、順体、ひと調子の全身体の働き、無足の法などすべて剣術、柔術と同じ理論化された動きが必要です。初心者は、浮身の動作にはいるとき腰が折れやすく、虚が生まれます。これではすでに眼前に太刀を構える相手との状況の逆転は起こりません。あらゆることに対して、修行者はすべて似て非なることしかできないと心得るべきでしょう。

1
2
3
4

3

問■ よく、手の内を締めて打てなどと注意を受けますが、手癖があるのかどうもうまくできません。どのようにしたらよいのでしょうか。

答■ 力の概念を変える。太刀を太刀性に任せて打つ。

拝見したわけではないので、手癖とおっしゃるものがどのようなものかわかりませんが、一般的に、「締めて」とか「打て」などという言葉や注意を受けると、誰でも当初は、どうしても力んで締める形をとり、力で叩くような形をとりがちです。そのときに、いわゆる正しい手の内の形が崩れるのではないでしょうか。

基本的なこと、とおっしゃられておりますが、まさに「手の内」とは基本、すなわち極意であります。小手を打つなら、小手を打つに足るだけの「力」で打つことのできる手の内を「手練」とも申します。この「小手を打つに足るだけの力」という言葉の中に力という語がつかわれておりますが、この力は一般人の頭の中にある「力」という概念ではないということを理解しなければなりません。言い方を変えれば、力で打ってはならない、手を締めてはならない、ということです。しかし、それではそこにある手や腕、太刀との高度な関連性を術技として表現できません。太刀は太刀性に任せて打てとも言います。かの宮本武蔵も太刀の持ち方、振り方、打ちなどについて五輪書ですでに往時からこまやかに説明をされております。とにかく絶対的に、自分の我の力を排除した振り方、打ち方を求めなければなりません。竹刀剣道、スポーツ剣道と言われる世界の中でも稽古の仕方でそうした次元の異なる世界を知ることはできるのではないでしょうか。

いにしえの侍たちは、当流のような新陰流系統の剣術では、両肘を完全伸展したままで、面小手の高速連打を修業したのです。この両肘完全伸展という条件で、さらに左手掌面中央に柄頭を添えて、柄頭をくるむようにして斬り手に持ちます。このような柄の取り方で、面小手を打つ形を創ろうとすれば、その困難さから、いかに次元の異なる運動形態であるかが理解できるでしょう。このようなとてつもなく難儀な身体運動が基本であるということは、その熟練こそが極意につながるものであるということを証します。多くの方は、肘を伸ばしたまま、屈伸運動をしようとしますから、ひどくぎこちなく、たいへん四苦八苦しております。肘周囲の筋肉に触れて検証するまでもなく、肘を伸ばした状態で肘の屈伸運動に使われる筋肉群をつかった打ちをおこなおうとするのです。両肩まで動揺し、体勢が大きく揺れ、とても打つどころではありません。わたくしのその筋肉は連打のためには使っておりません。肘の伸展を保持するためにのみ緊張しているだけです。もちろん、型におけるように、ここに体捌きがともない、最大最小理論に合致した動き方ができると、太刀は消え、動きは消えます。こうした修行により、至近距離でも両肘を伸ばしたまま上下左右自由に相手を打ち込むことができるようになって初めて、両肘も柔らかに自然に使う段階にはいるのです。初めから、誰にでもできる、叩くような打ち、反動をつけたような打ちからは何も生まれません。

一般的に、初心者に多く見られるような、叩くような打ちは、よく見られますように打突直後にその部位に赤くみみずばれが現れます。むかし、わたくしがまだ防具稽古をしていたころ、ある弟子からこんな報告を受けたことがあります。帰りの電車の中で窓枠に掛けた右腕がうっすらと腫れているのに気づき、初めは不審に思ったのですが、すぐに私の小手打ちを受けたことをあらためて思い出し、そのときはそのまま忘れたそうです。そして、二、三日たったら痣が浮き出してきたとのことでした。皮膚直下の損傷でしたら稽古後小手をはずせばすぐに赤いみみずばれが残りますが、皮下深部の損傷のため痣が浮き上がるまで日時を要したようです。このような打ちがけっしてよいとは申せません。当時のわたくしの打ちは、たとえ深部まで到達するような打突の威力をもっていたとはいえ、祖父の柔らかい打突には到底及びません。祖父に問えば、修行の段階でそれはそれでよいのだとなぐさめられましたが、当時は何としてもその力んだ打ち方がいやでした。いまのような稽古風景でしたら、もっと軽い柔らかい打ち方を、柔らかい打ちそのものとして、型として、稽古ができたかもしれません。と、それは今のわたくしが思うことで、せんないことです。

果てしない手の内を求めて、どうぞ力の絶対否定という難問に日々挑戦していただきたいものです。剣道でも、「軽くも手の内の締まった打ち」を良しとします。我の力を排除し、相手の方を思いやった丁寧な打ちを心がけられたらいかがでしょうか。その結果、侍が伝えようとした真の手の内が体得されるのではないでしょうか。

胸をおろす

太刀の振り下ろし始めから、相手にぶつかる力が発生しないため、受はいきなり腰が崩されます。初心者では一般的な筋肉の働き方をするため、振りおろすことはできません。次頁左列図は両肘伸展による面小手の上下の打ちと左右の小手連打、そしてその場の小手打ち連打と難度が上がります。

8

9

10

11

12

13

14

4

問■スポーツではほとんど使われないと思われる言葉に、極意というものが武術の世界にはあります。ぶしつけですが、どうかそこへの道程をお教えいただけませんでしょうか。

答■極意は極意だからこそ、初めから生涯にわたり学ばなければならないのです。

ひとことで申し上げれば、型を正しく学ぶという一事に尽きます。型は初心の段階から奥伝へと体系立てられております。その型々をきちんと正しく学ぶのです。そこには師伝直伝という世界がございます。見よう見まねではどうにもならぬ世界です。直接手取り足取りしながら教えられて、それで難しかろうが、わからなかろうが、直伝なくしては何も得ることはできません。人から人へと物事を伝えるのですから、その大事が理解されなければ、似て非なるものしか残りません。

よく技を盗むということが一般的には言われるようですが、その意味を正しく理解しなければなりません。師伝直伝のうえで、その型の形骸にとどまることなく、動きの本質を、その型を通して身につけなければならないということです。そして、道場においては種々の口伝がございます。それらを心にとめつつ、ひとつの型が包含する極意的身体運動法という理論を学ばなければなりません。

往事は、師から授けられた型の一本いっぽんに心魂を込めて修行したものです。敗戦後の我が日本の現代社会は経済成長は果たしたものの、そこに生活する我々はかつての日本人とは考え方も、行動も大きく異なりました。それがよいか悪いかはさておき、そのような現代日本人が、我が国伝統の武術の型々を学ぶに際して、どのような態度を保持することができるのでしょうか。型をひとつの「フォーム」と解するのでしょうか。型は断じてフォームなどではありません。

というような前置きのあとは、具体的な稽古法に目を向けてみましょう。

型は理論であるとは、長年のわたくしの持論であります。一般人がいきなり型というものを見れば、たしかに現代社会では不合理な面や違和感を持たざるを得ないでしょう。

しかし、動き方の理論としてみれば、ひとつひとつの歴史的作法など無意味と思えるようなことが、たいへん難しい身体の合理合法的な動きを要求しているということが理解できます。しかも理論として型を学ぼうとすれば、いきなり型の手順で身体を働かすなどということは、絶対的に不可能であるとさえ、実感することができます。

では、かつての侍たちが刻苦奮励と称される努力を型に注ぎ込み、その難題を克服したように、我々もこの忙しい現代において同じ事ができるのでしょうか。

そこで、ある年齢において極意を習得することができるか否かという問題には目を向けず、生涯を通して稽古を楽しむという方向で、少しずつでも極意的身体へと近づく方法を併用しながら、この型という難しい身体運動の世界を逍遥するということができます。そこでは、非常に難しいことを、それが難しいがゆえに楽しむことができるという逆説が成り立ちます。実際の現場では、難しさに深刻な顔をするというのではなく、たしかに、ぎゃくに笑ってしまうという現象が起きております。

無足の法、浮身などと言っても、実際の型の中で、それが表現されることは滅多にございません。つまり、それらはすべて極意だからです。極意だからこそ、基本として初めから生涯にわたり学ばなければならないのです。初心者でも、だれにでもできる簡単なものだから基本なのではないのです。

そこで、こんにち我々は道場では、言葉では「遊び稽古」と称して、日常的な動作の一端や型の一部分を取り出した、ごく単純な動作を、理論通りに動けるか否かという観点から稽古をしております。

もしも、こんにちこのような簡易な形で極意そのものを手に取るように稽古する方便がなければ、柔術で無足の法の受身と言い、足で床を蹴らずに回るのだといきなり指導されてもどうにもなりません。剣術で居合腰をとり、素振りを教えられても、当初この低い腰構えでは居つくことこの上ございません。居つくなと言うほうが常識を疑われます。同様に、斬られたくなかったら動きの気配を消せ、さらには思念の気配さえも消せなどと言われたら、もう稽古を放りだして逃げ出したくなります。

たしかに往事のことを思えば、型の世界とはそうしたものなのでしょう。弟子の質問も、師によっては禅問答のような答えしかありません。多くはどうしても型の形骸化という大きな問題から抜け出ることができません。

遊び稽古という世界には、その世界の規則がございます。そこから少しでも外れれば、何も得るものはございません。剣の世界の理論ですから、厳格厳密な動き方からはずれぬように、絶えず注意をし、精神を集中する必要があります。

力の絶対否定と言い、柔らかさを至極といたしますが、それは不可視な柔らかさです。順体法に裏付けられた柔らかさ、手足を動かさない緊密な構えのまま相手に力を伝えない不可思議な世界です。

無足の法による受身法

柔術は相変わらずへたくそでいやになります。脳溢血で倒れた祖父が直前のガラス戸にぶつかることなく、その場でころっと回ったということが頭からはなれません。わたくしは剣が先、柔は後年あとを追いかけるようにしてやっとその場受身ができる程度です。

1

2

3
4
5
6

5

問■無足の法に関して、以前、黒田先生は首から下がないようだと書かれておりましたが、現在はどのような感じを持たれているのでしょうか。

答■その言葉も、質問を受け説明をしている中に出てきた言葉を使ったかと存じます。

昔からいくどとなく、繰り返し各方面から無足の法を取り上げていただきました。たまたま無足の遊び稽古で、首に両手をあてがい、少し浮かすように持ち上げた形を取って、弟子のほうに向かって歩いたことが最初かと存じます。それを見た弟子たちからは、首だけが浮いたまま水平に移動してくるかのような不気味さをおぼえたとの感想をもらいました。その時の感じが、首に両手をあてているせいか意識が頭部、眼にしかなく足が軽く運べたため、まさに首から下がないかのように感じたのです。それからそのような表現をするようになったことでした。

古い先輩から祖父との竹刀稽古での印象を伺ったことがございます。その方の印象では、祖父の身体そのものがいつの間にか間合いを割って自分に近づいているというのが強い印象で、竹刀が迫ってくる、入ってくるという印象ではなかったとのことでした。とにかく竹刀ではなく身体そのものが時間もなく眼前に迫っているという、恐怖感さえ感じる動きであったということでした。

はじめてそのお話を伺ったときは、なるほどさもあらんと思いました。祖父は幼少の頃からまさに術という異次元の世界で育ったものですから、稽古を積んだ人間の動きはそれが当たり前という感覚だったのでしょう。それが七十を過ぎて八ミリフィルムに収められた自分の動きを映像で初めて見て、自分の動きと一般人の動きとの大きな差異に初めて気が付いたかのような感想をもらしておりました。その動きはまさに脚力を使った移動の仕方ではない別の動き方、それが古伝の無足の法と呼ばれる非脚力的な、しかも合理合法的な運足の法なのです。

そんな無足の法というものにつきましては、すでに多くの情報が繰り返し発表されておりますので、ここで詳細を述べることは控えさせていただきます。ただ、その原理原則のみを再確認させていただきます。それは足で床や地を蹴らずに、倒れるということ、重力、引力を利用するということです。生の脚力そのもので地や床を蹴る力で体を移動するのではない、ということです。

とは言い条、耳に胼胝ができるほど繰り返し注意指導されて頭では理解しているものの、道場での門下生の稽古ぶりを見ていると、すぐに体が忘れてしまい一般的な動き方をしております。少なくともそれでは駄目だと理解しつつ、それを矯正しようと努めながらの稽古ぶりならば、それは下手な稽古として将来性のある良い稽古と認められますが、その意識の希薄なまま一生懸命に何事かをやろうとしているという風景を駄目な稽古といい、まったく将来性のない、上達の見込みのない万年稽古と戒めております。

いまここにあらためて首から下の感覚はいかにと問われて、どのような感じがしているのかを確認してみても何も感じません。と、申しますより、普通に歩いているというほうが実感です。ありがたいご質問のひとつかと存じました。この歳になってようやく、ほんとうにやっとのことで、若い頃、歩く時に首から下が何もないようだと感じていたそんな歩き方が「普通に歩いている」と感じられるようになったのです。無足の法という非日常的な運足が日常化されたことを実感できました。

そんな非日常的運動や所作の日常化という点に関しまして、ほんの些細な動きでさえ術化されたのだなあと感じることが最近ございました。それとともに、そういう見えざる情報を多くの門下生と共有できる環境を日々ありがたく感じております。

柄に両手を添えた受に対して、鯉口を切ります。その一瞬、受は眼に映るほど体に緊張を走らせます。当人は無意識に身体が反応し、緊張が走ると言います。それを遊び稽古としてやってみると、門弟同士ではその反応は起こりにくく上級組の者でかすかに、確かに何かが表れております。抜かずに相手を制するという術技的観点からすれば、まさに鯉口を切った一瞬、いやその前から状況の逆転が存在しております。対峙する身体の彼我にすでに勝負が決しているのです。そんな状況下で勝者の柄を握りにいくのですから、なにがしかの勇気がなければとても出来ないことになります。

しかし、ひとつの稽古ですから当然下の方でも上の方の柄を取りにいかなければなりません。そうやって稽古というものは進むものでしょう。見えるから、分かるから近づかない、触らないというのは対敵の状況では自身を守る方便としては有効ですが、本人の稽古ということに関しては無意味なことであるのは言うまでもありません。

たまたま些細な日常的な動きという点につきまして、最後にふと思いついたことを述べさせていただきました。

抜かず斬らずの勝

第１〜８図まで、両者ともに防御体で回避する準備をしつつ柄に手をかけております。鯉口を切ることだけにどれだけの技倆が表れるかをみるための稽古です。その一瞬のそれぞれの反応が表れて興味深いです。わたくしでも駄目な動きのときは、弟子は厳然としてそれを拒否してくれました。ありがたいことです。そして今日の稽古風景のひとつが、かくのごとしです。

5
6
7
8

6

問■ 抜き足、差し足、無足の法。各理論を熟読させていただき、言葉では理解できたつもりですが「分かりません状態」が悲しいかぎり。個人で稽古するにはどうしたらよいですか。

答■ ご承知のことでしょうが、無足の法そのものを稽古する型はございません。

おっしゃるとおり、極意ですから直伝を得てすら真の体得はなかなか容易なことではございません。

ものには段階、階梯がございます。手ほどきがあり、いわゆる初伝、中伝、奥伝などという修業の道程がございます。それに従いさえすれば順調に奥伝、さらには極意、免許皆伝を得ることが出来るかと言えば、そんな単純にことは運びません。それでは、上を目指してとにかく猛烈に訓練を続ければなんとかなるか、と言えばこれもまた何とも申し上げようもございません。

ご存知の通り、人には得手不得手がございます。さらに、わたくしのように体育、運動における能力には見るべきものは何もないというごく平凡な資質、普通の人が多くを占めております。そんな中で図抜けた運動能力、力、体力、走攻守万能な素質の少数派の方々がおられます。そんな人間界で、選ばれた少数派の方々が極意に近いのかと言えば、先に申しましたように、わたくしのような凡庸な者もおります。

極意、秘伝という世界は誰にでも手に入れることが出来るというようなものではございませんが、また身近にあるようで手の届かぬ四次元世界にあるようなつかみどころのないものです。とは言い条、現に型の伝書という現物、理論として存在しております。そして、それはまさに古人からの遺産でもございます。

今申しましたように、いやもうくどいほどわたくし自身の運動能力の高を述べてまいりました。そんな一般的な運動能力の高低優劣には直接関係のない世界に術というものは存在しているからこそ、わたくしのような者でも時間をかけて繰り返し稽古を重ねていけば、手の届くところに見えてくるといった態のものなのです。

無足の法という術理そのものの稽古法はございません。抜き足、差し足……、という舞台で演ずることのできるような型があるわけではございません。稽古の方便として、型があり、しかしその型の形態を学ぶこと自体が形骸の表現としかなりません。その第一歩が形骸にしかならないという難しさ、困難さを有しております。

そのひとつの方便によって、我々は型から何を学び取るべきなのでしょうか。まさにそこには、術という眼には見えない動き方そのものが息づいているのです。ただ型の形や手順どおりに動くことはだれにでも出来ます。今申したことは、真の型を眼にしていない人がその型を真似する場合を申しております。

真の型、すなわち型が要求する理論通りのあくまでも正しい動き方で動くことの出来た型は、たった三動作の型でさえ、どのように動いたのかが記憶に残らないほど全身体一致ひと調子の動きゆえの難解さが表されるのです。わたくしの持論である、型は理論であるということを前提として稽古が開始されるならば、まさに身体の機能回復訓練と同様の効果を得ることが出来るかと存じます。しかし、それは薄紙を重ねるがごとく眼に見える著しい進捗を期待するものではございません。

劈頭に申し上げました通り、無足の法という極意の型があるわけではございません。初伝の型を如何にして、その理論に従った「動き方」で動けているかどうかということを絶えず検証しながら行わなければなりません。すなわち、ご自身の今までの悪しき日常の動き方をすべて否定しながら、あるいは否定できているかどうかを注意しながら動作を繰り返すしかございません。

以上のことから、日常生活における稽古がいつでも可能であるということがご理解いただけると存じます。日頃の起居、立ち居振る舞い、歩行等のすべてに絶えず無足の法という理論から外れないように注意をすることが出来れば、一日中を稽古に費やしているのと同じことになります。

ただ、無足の法という極意は等速度、順体、力の絶対否定などすべてにそれぞれがつながるものです。無足の法という観点から一つの動作を見つめれば、そのひと動作にどれ一つ欠けても極意には到達できません。

我々は道場で、それぞれを検証しつつ悪しき動きの排除に努めております。力を抜いて動くということはなかなか奥の深いものです。相手が人間ですから、その相手より少し力が抜けているだけで優位な動きが出来るものです。そこに甘えが出ぬように、道場ではさらに力を抜いて、より力を抜いて、あの幼稚園児の小さな手で力を抜いた動きよりもっと力を抜いて「動く」という動き方を飽かず執着しております。

お一人での稽古をどうしたらよいかというご質問は多々ございますが、悪しからずこのようなお返事を頼りとしていただくしかございません。

理論という方便

第1～3図は、離れを有する浮身から始まるたった三つの動作ですが、とくに第2図の左足はいつどこで変化をしたかという点にあります。第4～9図までは、順体法、股膝足三関節同時、等速度、直線運動、無足などの要求された、相手に不干渉極まる垂直の沈みにより、相手に感知、蝕知できない動きでその腰の中心を直接崩しております。第10～11図は相手の大きな力を、力の絶対否定された体捌きで「お返し」しております。

7
4
8
5
9
6
10
11

7

問■黒田先生は、居合は速ければよいというものではない。昔はみなゆっくりと抜いたものだ、ともおっしゃっています。が、先生の居合は衝撃的な速さだと思いますが……。

答■おそれいります。祖父泰治もいつもそんな格式の高い居合のことを申しておりました。

「昔は、みなゆっくりと抜いたものだ」「兄正義なども、ゆっくり抜けるからこそ速くも抜けるものだ、と言っていた」と。父も祖父のその言葉を裏付けるかのような、老居合道家の緩徐とした太刀捌きを戦後はじめて見たのが最後だったとのことでした。

わたくしも特に演武ともなれば、速く抜こうなどと意識して抜いたことはございません。型の意に従って、それぞれの型を心から表現しようと努めただけでございます。若い頃、と言っても四十代までふくめますが、何度演武を重ねても意に適った演武は出来ませんでした。当然のことと言えば、それまでです。だからこそ、今日まで稽古を楽しんでこられたのでしょう。

たしかに、稽古中には切っ先が遅れるだの鞘引きが固いだのと種々の問題点が山積みでしたから、少しでも切っ先を速くしたいと思っていろいろ力んで抜いてもみましたが、悪くなるばかりです。眼に見えて逆方向の結果しか現れませんでした。そこでまた祖父がよく言っていた中庸の速さを意識して稽古をすると、まあ良くはございませんが、さきの抜きよりはましな稽古となりました。

とは言え、格式の高いゆっくりとした抜き方などとなると、もう手の届かぬ未知の世界、何が何だか分からない稽古になってしまいます。どこが難しいのかが分からなくなってしまうのです。少なくとも今までの自分の稽古では何が駄目か、どこが悪いのかが自覚できましたが、こちらは暖簾に腕押し、糠に釘、まったく手ごたえもなく、解答のきっかけすらつかめません。なるほど「ゆっくり抜ければ」という言葉の重みを知らされました。「抜ければ」、なのです。しかも、「ゆっくりと」です。手も足も出ない稽古に時間を費やす勇気はございませんでした。いや、今ふと思い出した稽古がございます。まだまだ初心の折、立合型の斜刀を抜いていたときのことです。それを見に来た祖父が注意、指導をし始めてくれました。

「面影を太刀に見せるように……」。祖父修行中に、曾祖父から注意を受けたことを回顧しつつ、そんな思い出話とともに同じことを教えてくれたのです。それこそ静かに、我が面影を刀身（平地）に写しつつ、ゆっくりと稽古を繰り返すものでした……。後日、先輩が隣で同じ型を稽古しておりましたが、その抜きようがまったく異なるので質問をしてきました。祖父一流の指導法で、先輩はまだ初心の抜き方でした……。

現在、振武舘で居合を学んでいる方々は、良くも悪くもわたくしの居合を観て勉強されております。わたくしも同様でした。先の先輩が観念太刀を抜いていた時、何としても祖父が言うように抜けないので、祖父が直に抜いて見せてくれたのです。滅多にないこととわたくしも凝視いたしました。両手を前方に振り出した時、切っ先がぴたりと眼見当へ払い斬りに鋭い線を描いて、まろやかに太刀と鞘は両脇にそれぞれ掻い込まれました。その切っ先の走りは、わたくしを驚かせ、感激させるに余りあるものでした。

後日、拙いながら上級組の弟子に見せたところ、切っ先の走りだけを手先で真似た形を行いました。咄嗟にわたくしはその稽古を注意いたしました。と同時に、祖父が段階的に型を指導する意味が内心なるほどと呑み込めたのです。きちんと術技を学ぶ稽古を経ずに、先走った小手先の形骸を動いてみても術は得られないということが痛感されました。

祖父に剣術柔術を仕込まれ、祖父の居合も目に焼き付いている古い先輩がわたくしのこの型をご覧になったとき、大きい稽古だなあ、と感嘆してくださったので、この型はこういうものだと思っていたのです。もちろん祖父は黙って見ているだけで、先の先輩のような注意はひとことも発しませんでした。ところが祖父の太刀筋はまさに「居合術」で、わたくしのものとは別次元のものでした……。

現在この型を、かつてのわたくしの稽古と同じく、大きくひと調子に動くように指導をしておりますす。これは切っ先の速さに目を奪われ、その真似をして小手先の形骸が多く見受けられたからです。座構えからのひと調子の抜き、という難事はさておき、分解した型にはなりますが、まず太刀を大きくひと調子に、という一点集中です。

柄手からの浮身に合わせて、等速度で太刀がまろやかに半円を描くように抜くことを求めての稽古を行います。これで稽古自体の難しさが明確となり、どこが難しいのか全く分からなかったわたくしの遠回りの稽古とは違う道を歩んでいただけます。

この稽古からは、離れの至極も身近にあり、また遥か彼方にあるということも明確に理解できます。

斜刀と観念太刀

第１図～４図の斜刀は等速度で静かに太刀筋（切っ先）が下弦の半月を描くように操作しなければなりません。第５図～８図は観念太刀です。前段階の稽古ですから柄手からの浮身となります。鞘は鞘なりに縦に落ちつつ離れを迎えます。未熟は鞘の鐺が床音をたてます。またこの時は両手が同時に前上方へ振り出されます。未熟は抜けずに鞘を損傷いたします。祖父の言葉、「鯉口で切っ先を撥ねだすのだ」。かような難事が真の離れを身近なものとしてくれるのです。

5

6

7

8

8

問■鉄山先生は長くご執筆をされてきて、何か印象に残る記事や関連した出来事はおありでしょうか。

答■まさかこれほどの永きにわたって、我が武術のことどもを書き記し続けられようとは思いもよりませんでした。

ごく平凡な運動能力のわたくしは、我が家にだけでも型を残し伝えたいという気持ちで型稽古を続けてまいりました。そんな生活の過程で、いつしか型におけるわたくし自身の動き方そのものに注意が向けられ、その一点に集中するようになりました。

父からも、上の人に受を願い出たときの型稽古というものは、やり返しのきかないこと、言い訳をしないということを学ぶものだと幼少の頃から言い聞かされておりました。刀が身体に触れれば傷つき、型を間違えれば命を落とす事になる。相手を打とう突こうという気持ちより自分自身の身体を、頭の先から足の先まで神経を張り巡らせて防御をしながら、ゆくゆくは相手を穏やかに制御することを学ぶものが武術であると。

そのためには勝負をする以前に、勝負に足るだけの自分自身を磨かなければなりません。その稽古が、気が付けば自身の動きを作り替える楽しみとなりました。祖父泰治が武術は断じてスポーツに非ずと言っていたことを実感させられます。型を修業した時代の侍は、現代の眼で見ればけっして運動をしていたのではありません。ただその稽古量による結果として、雄偉なる身体を獲得したというだけです。武術、武道を学ぶ身体、修業を重ねた身体の在りようとはどのようなものなのかということを考えるようになりました。

一般的には正中線という言葉で身体の中心軸線を表すようですが、元来医学的な専門用語で、人間の身体に関するもので万人に表現され得るものです。ところが、どうもその言葉では表現できない感覚的な見えざる垂線のようなものがあるのです。その思わず防御態勢を取らざるを得ない厳しい攻撃線は、稽古を重ねるにつれ、次第にその身体の意図を随意的に消すこともできるようになるのです。そのようなものを単なる正中線という言葉では、どうも表し難いので、一時は「振武舘の正中線」などと称したこともございました。

まあ、そのような身体の攻防に関する基準線のようなものも含めて、武術的身体と呼ぶようになりました。この武術的身体、すなわち非日常的身体の獲得を目指して型の理解を深める努力を積み重ねた結果、その在りようをよく観ると、何とその一個の身体は人間というひとつの身体そのものでありながら、たしかに姓名を有する個人としての身体でもあり、また同時に流祖先達が残し伝えようとした流儀流派を表現することのできる身体、すなわち流祖先達と等しい身体でもありました。

人としての身体、固有の名を持つ身体、そして流祖先達そのものを表現する身体という、三位一体としてそこに存在するのです。なんとまあ、わたくしの身体は、記憶に残る幼い頃のわたくしを手取り足取りして型を教えてくれたあの祖父の身体であり、曾祖父、先達、流祖につながるひとつの身体なのでした。

祖母から昔こんなことを聞きました。防具を着けて道場に立つ祖父と一番弟子とを見分けることが出来ないほど、構え、姿恰好が瓜二つだったと。自分の夫である祖父とその姿、構え、立ち姿や動き方がそっくりで見分けがつかなかったというのです。歩き方ひとつにしても個々の特性がでます。なるほど流儀を学ぶということは、まさにそういうことなのかと思いました。が、しかしそんな若い頃ですから、型を学んでいるのだから当然、形態は似るものだろう、などというまことに浅はかな理解でしかございませんでした。

流儀を学ぶということは、まさに見えざる武術的身体を獲得するということに他なりません。

すなわち、身体の理論化により、両親が生まれるはるか以前の自分自身に合うことです。身体が固い、足が速い遅い、力が強い弱いなどという現実とは無縁の世界に存在する自分自身とは何なのかということを知るために型を学ぶのです。

と、まあ何と偉そうなことを述べているものかと、気恥しいかぎりです。が、これが今まで永らく稽古を続けてきて一番心に残る思いでございます。

そう言えば、昔、わたくしがまだ二十歳代の頃です。父がわたくしの言っていることが理解できない、息子はもう雲の上まで行ってしまったなどと申しておりました。そんな若い頃、自分の未熟をいやというほど自覚しておりましたから、それこそ父の言っていることのほうが理解できませんでした。その後さらに、そんな父は、お前のやっていることは仏の道、宗教だなどと評すようになりました。何と抹香臭い話かと思ったわたくしが道場で行っているのは稽古の指導、説明だけです。その稽古風景を眼にした父の感想でした……。これもまた青二才のわたくしには理解不能でした。

今振り返れば、父母未生の自己探求の修行が父にそんな感懐を与えたのも当然のことかなと思う次第です。

著者プロフィール

黒田鉄山（くろだ　てつざん）

1950年埼玉県生まれ。祖父泰治鉄心斎、父繁樹に就き、家伝の武術を学ぶ。民弥流居合術、駒川改心流剣術、四心多久間流柔術、椿木小天狗流棒術、誠玉小栗流殺活術の五流の宗家。現振武舘黒田道場において、弟子と共に武術本来の動きを追求してきた。2024年3月逝去。

振武舘黒田道場

〒337-0041　埼玉県さいたま市見沼区南中丸734-55

装幀：谷中英之
本文デザイン：中島啓子

神速のサムライ

黒田鉄山　最後の極意

2024年9月30日　初版第1刷発行

著　　者　黒田 鉄山
発 行 者　東口 敏郎
発 行 所　株式会社ＢＡＢジャパン
〒151-0073 東京都渋谷区笹塚1-30-11 4・5F
TEL　03-3469-0135　　FAX　03-3469-0162
URL　http://www.bab.co.jp/
E-mail　shop@bab.co.jp
郵便振替 00140-7-116767
印刷・製本　中央精版印刷株式会社

ISBN978-4-8142-0640-7　C2075

BABジャパン　武道武術界の二大スターがDVDで夢の共演！
BABジャパン武道武術DVD
武道武術界の二大スター、夢の共演！
神技の稽古会
黒田鉄山
中達也
武術の身体と速さを、存分に学び尽くす。
武術の道を真摯に探求し続ける空手家・中達也師範が
自身の武術観を変えた人と敬意を払う古流武術家・黒田鉄山師範。
その黒田師範が考案した黒田式訓練法（※）を
黒田師範自らの指導の元、中師範が全二巻にわたり体験していきます。
※…型の要点を抜き出して重点的に稽古する方法。遊び稽古と呼ばれている
第1巻
柔術編
収録時間
62分
■重心を移さず背後に移動する
…①右足 / ②左足 / ③右足抜き
■右胸の落とし…①前 / ②後ろ
■胸の上下と開閉
■触れるか、触れぬ程度を保つ
■肩と肘・手首のひと調子
■動き・思念の気配を消す
■斬りの体捌きの投げ：四之身
第2巻
剣術居合編
収録時間
68分
■道具を使った右腕の確保
…重心を移さず背後に移動する
■一文字腰（袈裟斬りの体捌き）
■真向斬りの極意点
■横払いの極意点
■縦刀（足捌きをつけた真向斬り）
■後方反転…①縦刀 / ②横刀
■ひと調子の真向斬り
DVD VIDEO
全2巻
各巻 5,000円＋税

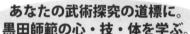

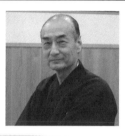

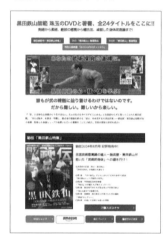

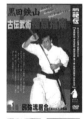

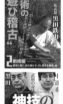